DESIGN E NOVAS MÍDIAS

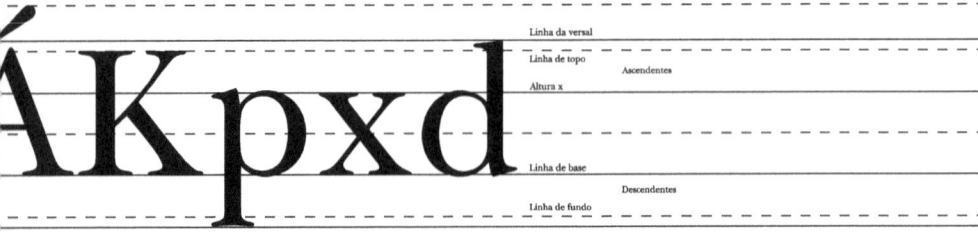

 Os livros dedicados à área de Design têm projetos que reproduzem o visual de movimentos históricos. Neste módulo, as aberturas de partes e capítulos com estudos de proporção e diagramas de construção fazem menção aos estudos tipográficos clássicos, que pautam até hoje a construção de tipos e páginas de livros.

DESIGN E NOVAS MÍDIAS

Kalyenne de Lima Antero

intersaberes

Rua Clara Vendramin, 58 . Mossunguê . CEP 81200-170 . Curitiba . PR . Brasil
Fone: (41) 2106-4170 . www.intersaberes.com . editora@eintersaberes.com

Conselho editorial
Dr. Ivo José Both (presidente)
Dr.ª Elena Godoy
Dr. Neri dos Santos
Dr. Ulf Gregor Baranow

Editora-chefe
Lindsay Azambuja

Gerente editorial
Ariadne Nunes Wenger

Assistente editorial
Daniela Viroli Pereira Pinto

Edição de texto
Floresval Nunes Moreira Junior
Mille Foglie Soluções Editoriais
Caroline Rabelo Gomes

Capa
Iná Trigo (design)
Alexander_Evgenyevich/
Shutterstock (imagens)

Projeto gráfico
Bruno Palma e Silva

Diagramação
Cassiano Darela

Equipe de design
Iná Trigo
Débora Cristina Gipiela Kochani

Iconografia
Regina Cláudia Cruz Prestes

Dados Internacionais de Catalogação na Publicação (CIP)
(Câmara Brasileira do Livro, SP, Brasil)

Antero, Kalyenne de Lima
    Design e novas mídias/Kalyenne de Lima Antero. Curitiba: InterSaberes, 2021.

    Bibliografia.
    ISBN 978-65-5517-967-5

    1. Design 2. Design – Artes gráficas 3. Mídias digitais I. Título.

    21-57914   CDD-745.407

Índices para catálogo sistemático:

1. Design: Estudo e ensino   745.407

Maria Alice Ferreira – Bibliotecária – CRB-8/7964

1ª edição, 2021.
Foi feito o depósito legal.
Informamos que é de inteira responsabilidade da autora a emissão de conceitos.
Nenhuma parte desta publicação poderá ser reproduzida por qualquer meio ou forma sem
a prévia autorização da Editora InterSaberes.
A violação dos direitos autorais é crime estabelecido na Lei n. 9.610/1998 e punido pelo
art. 184 do Código Penal.

SUMÁRIO

Apresentação **8**

1 **Novas perspectivas para o design** **14**
   1.1 O que é design **15**
   1.2 Design de serviços e a experiência do usuário (UX) **22**
   1.3 O design de interfaces: como será no futuro? **29**
   1.4 Usabilidade e experiências com o design de interação **36**

2 **Design, técnicas e mercado de trabalho** **46**
   2.1 O design e a arquitetura da informação **47**
   2.2 O designer tem de saber programar? **56**
   2.3 A *web* sob as lentes do *front-end* e do *back-end* **59**
   2.4 Testes de usabilidade **63**
   2.5 O design(er) conceitual na contemporaneidade **69**

3 **Design, mídias e tecnologia** **80**
   3.1 Conexão pela internet e o poder das redes sociais **81**
   3.2 Tendências: convergência, tecnologia e design **88**
   3.3 Novas mídias: o que todo designer precisa saber **95**
   3.4 Caminhos de aprendizado para o webdesign **101**

4 Conhecimentos aplicados ao design 112

4.1 Delimitações, estratégias e planejamento de projeto 113

4.2 Mapeamento da jornada do usuário 120

4.3 A importância do design responsivo e o *mobile first* 127

4.4 Prototipagem: definição, objetivos e vantagens 132

5 Ferramentas e modos de utilização no design 142

5.1 Protótipos, *wireframes* e design 143

5.2 Diferenças entre protótipos de média e de alta fidelidade 152

5.3 Automação de processos e design 158

5.4 Expressões regulares (ERs) 165

6 Perspectivas mutáveis: tecnologia, comunicação e design 174

6.1 Realidade aumentada aplicada ao design 175

6.2 Realidade virtual: conceitos e aplicações 182

6.3 Inteligência artificial: como identificá-la 189

6.4 Perspectivas futuras para o design 194

Considerações finais 202
Lista de siglas 206
Referências 210
Sobre a autora 232

APRESENTAÇÃO

Estudar sobre o design em uma perspectiva das novas mídias digitais é necessário. Essa afirmação parte do pressuposto de que todas as instituições educacionais e os ambientes profissionais foram bombardeados por informações que regem as tecnologias. Assim, é premente refletir sobre o assunto, discutir sobre ele e problematizá-lo.

Em alguma medida, esses espaços estão demarcados pelo design – mesmo que a sociedade tenha certa dificuldade em reconhecer o papel do designer. Por isso, propomos um questionamento sobre a área em diferentes perspectivas: serviços, experiência do usuário (*user experience* – UX), interfaces, interação, entre outros campos de atuação.

Esses conceitos, diferentes visões no campo da literatura e exemplos do cotidiano – expostos também ao longo dos capítulos desta obra –, mostram a importância de se debater esse assunto de maneira coletiva, considerando as contribuições de diversos pesquisadores e definindo os caminhos que ainda precisam ser trilhados para a evolução tecnológica do design.

Nos primeiros capítulos, propomos discutir o que é design, mesmo reconhecendo que esse não pode ser um debate simplista. Nosso propósito é desconstruir a ideia de que o design é somente aquilo é belo ou ligado à aparência. Apresentamos nomes que se destacaram no campo do design ou em áreas similares. Diversas subáreas do design são apresentadas nesta obra com o fito de evidenciar ao leitor quão ampla é essa área de atuação.

Tratamos sobre convergência, realidade virtual, realidade aumentada e os impactos que a tecnologia tem causado não somente nas áreas profissionais, mas na vida das pessoas em geral. Apresentamos alguns caminhos de aprendizados para os webdesigners e um debate sobre as perspectivas futuras ao design. Não pretendemos fazer previsões, mas provocações para que você se sinta impelido a pensar e a agir ao ler estas páginas.

CAPÍTULO 1

NOVAS PERSPECTIVAS PARA O DESIGN

1.1 O que é design

As primeiras noções relacionadas às atividades do design surgiram na época da Revolução Industrial e sua concepção foi sofrendo transformações e evoluindo para o entendimento vigente até hoje.

Algumas pessoas acreditam que o design é tudo aquilo que pode ser considerado bonito e belo, limitando-se à aparência. Todavia, neste livro, pretendemos corrigir essa informação equivocada e mostrar que ele é muito mais do que isso.

Pode-se entender por design qualquer processo técnico e criativo, ou seja, envolve a ação de projetar algo. Com isso, é papel do profissional designer transformar a experiência do usuário de algum produto ou transformar o modo como o produto funciona.

Imagine um *mouse* de computador. Encontrar cores inovadoras para o produto, na visão de um designer, não é suficiente. É preciso que se imagine um botão que seja intuitivo e "clicável", diferentes tamanhos e formatos, de maneira que o usuário tenha uma experiência e consiga incorporar isso a sua vida.

Em uma de suas entrevistas, Steve Jobs (1955-2011) – cujas características mais marcantes talvez fossem o perfeccionismo e a criatividade – definiu o design da seguinte forma: "design é como ele funciona". O empresário americano acreditava que o design precisa conter um significado, além, é claro, de ser belo. Embora o magnata não tivesse a formação na área, Jobs é referência quando os temas são inovação e resultados mercadológicos positivos.

Assim como a compreensão de design ultrapassa a limitação do que é meramente bonito ou belo, a área também apresenta ramificações. Dentro do design é possível encontrar estudos, pesquisas e áreas de atuação como design gráfico, design de produto, webdesign, design de interfaces, design de experiência e de moda, design de embalagem, e muitos outros.

A proposta é que essas áreas ramificadas sejam especialidades em que o designer possa projetar como será a experiência do consumidor. Niemeyer (2007, p. 12) afirma:

> [...] ao longo do tempo o design tem sido entendido segundo três tipos distintos de prática e conhecimento. No primeiro, o *design* é visto como atividade artística, em que é valorizado no profissional o seu compromisso como artífice, com a fruição do uso. No segundo, entende-se o design como um invento, um planejamento em que o designer tem compromisso prioritário com a produtividade do processo de fabricação e com a atualização tecnológica. Finalmente, no terceiro aparece o design como coordenação, onde o designer tem a função de integrar os aportes de diferentes especialistas, desde a especificação de matéria-prima, passando pela produção à utilização e ao destino final do produto. Neste caso a interdisciplinaridade é a tônica.

Como se vê, o design envolve infinitas dimensões que englobam a cultura, a tecnologia, e as estratégias de mercado. Embora estejamos nos referindo às tendências do profissional na atualidade e a sua compreensão, é conveniente fazer uma retrospectiva dessa produção, que passou por transformações e sofreu influências ao longo dos anos.

A primeira delas corresponde ao surgimento do design, que ocorreu em meados do século XVIII, durante a Revolução Industrial. Nesse período ganharam visibilidade a produção e o consumo; além disso, estruturou-se a divisão de trabalho, ou seja, nessa fase, a produção deixou de ser responsabilidade de um único artesão e passou a ser atribuição de um conjunto de trabalhadores que executavam variadas tarefas.

Buscando-se raízes ainda mais profundas, na Antiguidade, especificamente no Egito, é possível perceber que pinturas sempre estiveram presentes na vida cotidiana das primeiras civilizações. As produções tinham formatos retilíneos e geométricos, mas o predomínio era das linhas horizontais. Os egípcios também focaram muito em figuras decorativas, na religião e em rituais, por meio dos hieróglifos, que eram os caracteres da escrita. No caso da confecção de objetos, diversos materiais eram utilizados para a construção de camas e cadeiras, e os faraós tinham o direito de usufruir de espaços decorados com ouro, já que detinham imenso poder monetário.

No Novo Império, foram encontrados registros em forma de pintura, de escultura e de arte de modo geral. Os objetos da nobreza e da corte tinham desenhos repletos de técnicas.

Pesquisar informações sobre o passado ajuda a entender o surgimento desses formatos, a utilização de cada material e sua relação com o espaço. Seguindo essa retomada histórica, na Grécia, o interesse profundo dos helenos em assuntos relacionados à filosofia e às artes cênicas teve desdobramentos até mesmo na criação de objetos como a cadeira de pernas curvas, chamada de *klismos*, que foi projetada com base na anatomia humana. Ela é inspirada na forma como os gregos imaginavam o assento dos deuses, e acabou sendo o modelo mais utilizado na cultura da Grécia Antiga.

Certas soluções, desenhos e criações foram adaptados no cenário contemporâneo da decoração e do imobiliário, entretanto remontam às civilizações antigas, evidenciando que essas pequenas descobertas, criações e renovações fazem parte da natureza humana.

No Brasil, a área do design recebeu contribuição de diversos profissionais, alguns dos quais apresentaremos na sequência. Um dos nomes de destaque foi Aloísio Magalhães (1927-1882), responsável pela fundação do maior escritório de design da década de 1960. Além de designer, Magalhães era formado em Direito e atuou em áreas como pintura, gravação, figurino e cenografia. Registros dão conta de que seus primeiros envolvimentos na área do design gráfico foram com o grupo O Gráfico Amador.

Ele uniu-se a outros nomes populares, como José Laurênio de Melo e Gastão de Holanda (1919-1997), que executaram produções de livros tipográficos. Seu crescimento profissional lhe proporcionou premiações no cenário do design nacional, como a marca do IV Centenário do Rio de Janeiro.

A arquiteta e antropóloga ítalo-brasileira Lina Bo Bardi (1914-1992) não recebeu o devido reconhecimento em vida, mas deixou grande contribuição e expressividade na arquitetura brasileira do século XX. Entre suas obras mais importantes estão o Museu de Arte de São Paulo (Masp), o Sesc Pompeia, ambos localizados em São Paulo, e o restaurado Solar do Unhão (em

Salvador). Um diferencial na obra de Lina é que os projetos não se limitavam aos aspectos da arquitetura, mas passavam pela cenografia, pelas artes plásticas e pelo design gráfico.

Para além desses dois importantes nomes, o design contemporâneo brasileiro tem descoberto novos talentos. Um deles é o carioca Zanini de Zanine (1978-), que se graduou em Design Industrial e, em seguida, começou a produzir móveis com vários tipos de madeira. Sua produção recebeu o nome de *carpintaria contemporânea*. Ele teve contato com a arte desde a infância, pois acompanhou o trabalho de seu pai, José Zanine Caldas, importante arquiteto e designer *brasileiro*.

Além do jovem Zanine, merecem ser citados profissionais como Jader Almeida (1981-), Brunno Jahara (1979-), Leo Capote (1981-), Gustavo Bittencourt (1986-), entre outros. Esses nomes têm modificado a identidade do design contemporâneo, tanto no Brasil quanto no exterior. O que se percebe nos trabalhos deles são algumas evoluções, com releituras de objetos clássicos misturados com a visão contemporânea.

O mercado atual também tem exigido do designer aprofundamento e habilidades sobre as tendências do futuro da profissão, conteúdos cada vez mais personalizados e tecnológicos.

Além de ser vista em vitrines, grandes eventos e exposições, a produção desses profissionais também é percebida dentro dos lares. Uma pesquisa realizada por Bernardi e Sobral (2016) buscou investigar as transformações nos modos de morar, na configuração da família e nos espaços residenciais no século XXI.

Esse trabalho indica que o lar é um ambiente repleto de significados na formação da história de vida das pessoas; daí o interesse em investigar "[...] como o design e a arquitetura devem se comportar e se adaptar no cotidiano e se voltar para as diversas identidades" (Bernardi; Sobral, 2016, p. 16).

Até este ponto, demonstramos que a definição de design é ampla e possibilita diversas interpretações; entretanto, o mais importante é que ela sempre implica um processo ou um planejamento que visa resolver os problemas de seus usuários.

A área tem diversas subcategorias, conforme mencionamos anteriormente, possibilitando uma variedade de campos para atuação. Em razão dessa amplitude, especificar a área em que se deseja atuar é importante para o melhor direcionamento de um projeto. Isso é aparentemente um detalhe para alguns; até mesmo profissionais com alguns anos de experiência cometem esse erro de ignorar esse aspecto relevante.

Discorreremos a seguir sobre o que a área de design como um todo e o que cada profissional dessa área pode fazer pelos negócios. Trata-se de um tipo de criação que busca soluções por meio de processos criativos e que se propõe a atender às demandas do mercado de trabalho. Explicitaremos como o design contribui para a concepção da marca, a criação do logotipo de uma empresa, a formação dos pontos de venda, a administração das redes sociais, entre outros âmbitos.

Essas habilidades devem estar em sincronia com a identidade e a comunicação da empresa para que, assim, os objetivos traçados sejam alcançados. Resumimos na sequência algumas áreas que o design pode favorecer.

- **Inovação** – É importante que o designer proponha soluções originais. Isso não quer dizer que ele não possa buscar inspirações ou referências, o que, aliás, faz parte do processo. O indicado é que ele utilize materiais e tecnologias que o auxiliem em suas criações, agregando novos valores a produtos e serviços.
- **Identidade** – Criar identidades é uma das tarefas desempenhadas pelo designer. Envolvem formas de expressão e comunicação das empresas, que transmitem qualidades e características desses órgãos, bem como seus produtos de mercado. Por isso, elaborar estratégias que contemplem esses objetivos mercadológicos é de extrema importância.
- **Comunicação** – A comunicação é um dos setores que busca construir meios visuais que visam estreitar a relação da empresa com o público. Certamente, o designer pode contribuir para isso, trabalhando em conjunto com jornalistas, programadores e outros profissionais.
- **Qualidade** – A qualidade refere-se à incessante busca de soluções eficientes para os produtos em relação à empresa e ao mercado, aos meios produtivos, ao meio ambiente e à qualidade de vida das pessoas.

Essa breve introdução sobre a área do design é um ponto de partida para os tópicos que serão abordados a seguir. Enfocaremos duas áreas do design: o design de serviços e a experiência do usuário (*user experience* – UX). O que são essas áreas? Como elas estão relacionadas? Essas são algumas das perguntas a que pretendemos responder, de modo a fornecer noções básicas a respeito desses conceitos. Após essas explicações, demonstraremos como todo esse campo está conectado com a comunicação digital.

1.2 Design de serviços e a experiência do usuário (UX)

O design de serviços é uma das subáreas do design cujos conhecimentos são aplicados para a criação e o gerenciamento de serviços. Em ideias gerais, essa subárea utiliza conhecimentos do design para oferecer aos usuários formas de interagir com o serviço. Anteriormente, citamos o exemplo de um botão "clicável"; ele se enquadra perfeitamente no design de serviços.

A ideia é que o designer estude todo o "ecossistema" do produto, buscando solucionar os pontos falhos, ressaltar as características positivas e fazer esse produto se destacar no mercado.

Gregório (2014) trata da temática suscitando um diálogo sobre as duas abordagens metodológicas: o design *thinking* e o design de serviços públicos. O intuito é que o trabalho seja focado no cidadão, com vistas a promover uma melhor experiência para ele, resolver situações complexas e problemas de uma gestão governamental.

De acordo com Gregório (2014), o design *thinking* é um tipo de abordagem de pensamento criativo. Há universidades que acreditam que essa ferramenta que ajuda a promover o bem-estar das pessoas, o que está em congruência também com o papel social da profissão do designer.

Nas palavras de Gregório (2014, p. 98), "o Design *Thinking* não é apenas um conjunto de ferramentas que, como de costume, adota-se e segue na implantação, mas uma maneira de pensar e trabalhar com inovação". Apesar de estarmos nos referindo ao design de serviços, é preciso recordar que os serviços estão difundidos por todos os ambientes na sociedade: no serviço de entrega de correspondências, no empréstimo de livros em bibliotecas, na efetuação de uma compra etc.

Outro estudo buscou compreender a metodologia utilizada no design de serviços e como ela se relaciona com a abordagem da experiência do usuário (*user experience* – UX). Ramos et al. (2016, p. 112) reúnem diversas explicações sobre a abordagem do design de serviços, que pode ser interpretado da seguinte forma:

> **Design** de serviços é um campo onde as estratégias estão direcionadas para os usuários e os conceitos são projetados para fazer os serviços funcionarem melhor para as empresas e seus clientes. [...]
>
> Para as empresas de serviço de design oferece a possibilidade para criar valor adicional, para diferenciar dos competidores, para melhor uso de recursos e conectar com o consumidor de forma desejável. Para clientes, design de serviços representa a melhoria da vida diária e prestar experiências de qualidade.

E por que utilizar o design de serviços? Porque, segundo diversas pesquisas de mercado, com os avanços da internet, os serviços têm crescido em número e complexidade, fazendo surgir também a necessidade do *on demand* (ou sob demanda).

Em momento oportuno, versaremos sobre essa complexidade engendrada pelos recursos digitais. Todavia, apontamos desde já que essas mudanças dentro das empresas passaram a exigir um maior relacionamento entre os clientes e os serviços oferecidos.

O que era ofertado exclusivamente em pontos físicos, hoje é apresentado ao consumidor primeiramente pela internet, ambiente em que ele pode se munir de informações para subsidiar o ato da compra. A Service Design Network (SDN)[1] é uma instituição sem fins lucrativos que lida com o tema de design de serviços profissionalmente.

A organização tem uma rede de colaboradores que se comprometem com a elaboração e a participação em eventos nacionais, internacionais e publicações acadêmicas, com o objetivo de fortalecer a área do design nos setores público e privado. Em 2020 foi realizado o congresso "Abraçando a mudança", no qual se defendeu a ideia de que é possível criar serviços melhores e ajudar a formar seres humanos melhores; vale esclarecer que esse evento ocorreu virtualmente, em razão da pandemia provocada pelo novo coronavírus, que afetou todo o mundo. Esse acontecimento demonstra a prevalência do design de serviços no mercado.

Assim, fica evidenciado que uma característica importante da atividade do designer é apresentar significados que estejam conectados aos seres humanos e ao mundo exterior.

---

1   Ver: <https://www.service-design-network.org/>. Acesso em: 3 mar. 2021.

Freire e Damazio (2010, p. 8) defendem que:

> a característica intrínseca da atividade de design é estruturar significados para melhor adequar os seres humanos ao mundo que os cerca. Esses significados podem ser estruturados por diferentes processos, resultando em diferentes artefatos como objetos, interfaces, sistemas de comunicação, produtos da moda, sistemas, entre outros. Esses artefatos são utilizados pelas pessoas porque oferecem diferentes valores (de uso, de posse, de troca, de relações) nas complexas atividades sociais em que estão inseridos. Esse é o olhar único que o design traz para a área de serviços: facilitar relações sociais. E assim como outras especialidades do design, precisa compreender quais são suportes que serão projetados para carregar esses significados.
>
> [...] Em ambas as perspectivas a característica essencial dos serviços é que ações precisam ser desempenhadas para obter resultados. Então, o papel dos designers de serviços seria o de criar plataformas para que essas ações aconteçam. Para tanto, ele precisa de um conhecimento específico, além da capacidade de integrar conhecimentos de outras especialidades do design como produtos, comunicação e interfaces, utilizando metodologias, técnicas e ferramentas próprias para o desenvolvimento das soluções, caracterizando-se como uma área específica do conhecimento de design.

As reflexões dos autores conduzem à compreensão de que recorrer ao transporte público ou utilizar um telefone celular são experiências de serviços. No Brasil, o setor de serviços representa quase 70% do Produto Interno Bruto (PIB). Segundo pesquisa do Instituto Brasileiro de Geografia e Estatística (IBGE), esse é o setor que mais gera emprego no país (IBGE, 2012).

Paralelamente ao design de serviços encontra-se a experiência do usuário (UX). Para pensar sobre a UX, existe um referencial teórico pautado na valorização de as empresas melhorarem seu relacionamento com os clientes, oferecendo a estes uma experiência mais satisfatória, o que pode ser atingido com o intercâmbio entre essas duas áreas, a UX e o design de serviços.

Por óbvio, ambas as áreas têm no usuário seu foco, mostrando como os projetos estão aproximados. Um exemplo de UX é a adaptação que a Coca-Cola fez em sua identidade visual para expor sua marca no Festival de Parintins, cidade que fica a 369 km de Manaus.

No festival, diversas marcas nacionais e internacionais, como a Coca-Cola, o Bradesco e a Tim dividiram-se entre as cores vermelho e azul, que representam respectivamente o Boi Garantido e o Boi Caprichoso. O que merece ser destacado é como as marcas se investiram de cores diferentes das originais para criar vínculo com torcedores de ambos os bumbás.

Sendo assim, a UX não se resume ao uso de *softwares*. Estão contidas as interfaces do usuário, a usabilidade e os mecanismos de busca; em verdade, ela se estende a questões ainda mais corriqueiras e simples, como abrir um sachê de maionese: mesmo que seja fácil identificar a instrução "Abra aqui", muitas vezes não se proporciona uma facilidade, o que impacta a experiência do consumidor.

Acrescida ao design de serviços e à UX, está a transversalidade, a qual corresponde às interações entre *designers* e profissionais de outros campos, áreas e linguagens, demandando os recursos da tecnologia em consonância com a comunicação.

No atual contexto de transição, a tecnologia da informação e a comunicação estão muito imbricadas ao cotidiano das pessoas:

nas novas formas de trabalho (formato *home office*), nos aplicativos de *delivery*, na presença da inteligência artificial (*artificial intelligence* – AI) e da Internet das Coisas (*Internet of Things* – IoT), no uso de drones para a captura de informações, na conexão das pessoas nas redes sociais, entre tantas outras situações e atividades. Tais mudanças estão relacionados à globalização e ao avanço das tecnologias.

Esses fenômenos são indicativos para que os profissionais de design compreendam o contexto atual e o quanto será exigido deles quando se vislumbra o futuro. A capacidade de abstração e a flexibilização de projetos na área do design são características esperadas de um profissional nesse momento em que todos estamos sendo bombardeados pelas mudanças.

Essa área tem como características positivas a riqueza interpretativa e a habilidade visionária, capazes de ajudar na evolução, na pluralidade de soluções e de cenários de futuro. Essa abordagem da transversalidade do design também pode ser pensada com base nas ideias de Frascara (2002). Esse autor chama a atenção para novas perspectivas a serem pensadas pelos designers, ou seja, esses profissionais precisam abandonar o foco nos produtos, nos materiais e nos processos criativos, deslocando-o para a maneira como esses produtos e materiais estão sendo utilizados pelas pessoas, e para as consequências disso para as relações que elas mantêm.

Sob essa ótica, a tarefa dos designers não é tão simples quanto poderia parecer. Uma parte do trabalho está no processo e na descoberta criativa, e a outra está em compreender como as pessoas e todos esses ecossistemas estão conectados. Trata-se, portanto, de um debate transversal na área do design.

Alguns estudos propõem a chamada *desmaterialização do design*, que visa aproximá-lo das ciências sociais, buscando formas para tornar a vida das pessoas mais fácil e possível. A prática e o estudo do design devem estar alinhados, de maneira que seja possível identificar como as pesquisas estão avançando nesses diferentes olhares e como o trabalho do designer tem acontecido na prática.

Vaz (2012), em sua dissertação de mestrado, discute sobre a desmaterialização através do design, diagnosticando que, entre as décadas de 1960 e 2010, o mundo entrou em um processo de "desmaterialização" e que os países industrializados seguiram esse caminho, também conhecido como *decoupling*.

De acordo com Devezas (citado por Vaz, 2012) a palavra *desmaterialização* pode ser definida como a "diminuição do consumo de energia e/ou materiais por unidade do PIB" ou, de modo simplificado, a redução observada na quantidade de material e de energia empregada para produzir um produto.

Dito isso, é preciso entender o design de forma plural e transversal, conforme mencionamos. Depois, é preciso atentar para que o design não se prenda somente ao discurso do campo de atuação, mas também ao investimento e à atividade de projetos.

1.3 O design de interfaces: como será no futuro?

Na seção anterior, tratamos da importância de o profissional de design ter uma formação que alinhe teoria e prática. Isso porque a prática é exigida no ambiente de mercado de trabalho; afinal, precisa-se de pessoas aptas a lidar com programas, *softwares* e todas as demandas exigidas para um projeto.

De outro lado, de nada adianta ter o conhecimento desses programas, se a formação profissional não estiver alinhada aos fundamentos e às teorias ensinadas nos cursos superiores e, em alguns casos, nos técnicos.

A UI (*user interface*, ou interface do usuário) é contemplada no design de interfaces, o qual exige alguns requisitos mínimos de quem deseja nele ingressar. O primeiro deles é ter noções básicas sobre o que é o design de interfaces e em que ele se diferencia da UX.

Atendido esse critério, é importante que o profissional de design tenha referências, isto é, que suas inspirações profissionais se baseiem naquilo que já foi criado. Redes sociais como Pinterest e Behance são consideradas boas plataformas de referência e de criação para a área.

A diferença básica entre esses dois conceitos é que o UX faz a navegação valer a pena, ou seja, existe uma intenção da empresa em fazer a experiência do usuário ser a mais agradável possível. Já a UI é uma espécie de guia, em que o usuário recebe as orientações de como navegar em um aplicativo ou em um *site*, por exemplo. Assim, essas definições são complementares, visando sempre à satisfação do cliente.

Figura 1.1 – **Diferenças entre UX e UI**

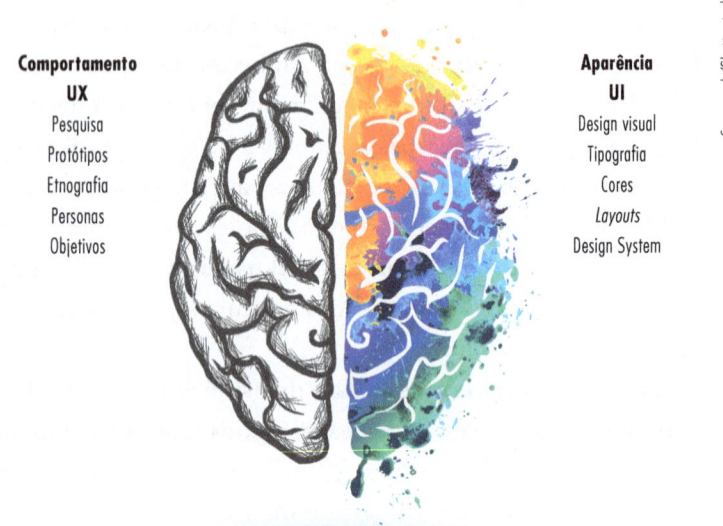

Fonte: Silvestri, 2018.

É comum que o usuário deseje acessar um *site* ou aplicativo intuitivo, com navegação fácil e que apresente ferramentas e opções coerentes com sua usabilidade. Esses anseios devem ser atendidos pela UI. Quando alguém utiliza esses recursos e é impactado por meio das emoções, esse trabalho foi desenvolvido pela UX. Outra dúvida recorrente refere-se a qual das duas abordagens fornece mais benefícios, e a resposta para a indagação é: Ambas são capazes de proporcionar bons resultados para o cliente. Por isso, utilizá-las concomitantemente é o mais indicado.

O profissional também deve pesquisar os possíveis caminhos da área do design de interfaces. Trabalhar como webdesigner, por exemplo, exige, além de habilidade com *layouts*, conhecimentos sólidos em UX e em *marketing* digital. Essa exigência é consonante com o interesse do mercado: construir interfaces atrativas e com maiores conversões de uso.

A contemporaneidade é marcada por uma realidade irreversível: os seres humanos estão irremediavelmente cercados pelos dispositivos digitais; são televisões, computadores, dispositivos móveis como *smartphones* e *smartwatches*, todos com possibilidade de conexão com outros aparelhos e com a internet. Desse modo, esses pequenos aparelhos exigem a elaboração de interfaces digitais que atendam às expectativas dos usuários; eis aí a importância de designers nessa área. Essa é uma demanda recorrente na Europa e que tem aumentado também no Brasil.

A analogia da ponte é interessante para compreendermos o que o design de interfaces é capaz promover. Como se vê na Figura 1.2, uma pessoa quer atingir um objetivo e, para isso, utiliza-se da interface como **ponte** para alcançar esses caminhos.

Figura 1.2 – **Interface: analogia da ponte**

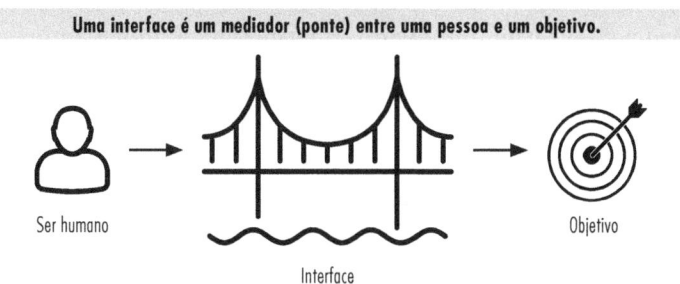

Fonte: Silvestri, 2018.

Para ser eficiente, o design de interfaces deve atender aos objetivos do usuário, rompendo com a ideia de que basta a interface ser visualmente bonita. Na prática, criar uma interface atrativa é importante, claro; no entanto, se não for funcional, ela não cumprirá seu objetivo. Portanto, o designer deve estar atento para que ambas as características sejam contempladas na produção da interface: ela deve ser **visualmente atrativa** e **funcional**.

Os *briefings* são bons instrumentos para a elaboração de projetos para o design de interfaces, já que neles é arrolado um conjunto de dados disponibilizados pelo cliente. Geralmente, nesse documento é descrito o que o cliente deseja (como quais tipos de texto ou de tipografia ele previu, imagens e outras demandas).

Na construção de uma interface, um dos itens bastante utilizados é o *menu* **hambúrguer**. Esse botão, geralmente, é posicionado no canto esquerdo da tela, de modo que, quando o usuário clica nele, aparecem diversas opções para cliques. Há designers que optam pela inserção do botão; porém, há controvérsias sobre isso: se, por um lado, no aspecto visual, o botão deixa a interface "limpa" e "bonita", relatos diagnosticam que isso pode ser um fator de diminuição de engajamento. Algumas empresas decidiram substituir o *menu* hambúrguer por abas. Mas, afinal, qual dessas estratégias é a mais indicada?

A recomendação é que se façam testes; pois, apesar de algumas empresas não terem alcançado êxito com a inserção do botão, as dicas visuais podem funcionar de maneira diferente para cada realidade. Também as abas podem passar despercebidas aos olhos de um usuário. Por isso, é primordial que o profissional de design se coloque na condição de cliente, fazendo o esforço de imaginar se ele julgaria aquela experiência viável estando na posição de usuário.

Nessa subárea, o designer tem de contar com a colaboração de um programador para dar existência ao estilo visual projetado. Ao designer cabe a criação e a elaboração das cores, tipografias e outros detalhes visuais, ao passo que fica sob a responsabilidade do programador transformar essas ideias em códigos, tornando-os reais em um aplicativo ou *site*.

A verdade é que esse mundo das interfaces está mudando a forma de as pessoas se relacionarem com produtos e objetos. Crianças já podem assistir a aulas em diferentes formatos, contando com ambientes de ensino-aprendizagem mais intuitivos; para se deslocar dentro de uma cidade, as pessoas podem se cadastrar em um aplicativo, fornecer alguns dados e fazer o pagamento pela própria interface do app, sem precisar colocar as mãos em cédulas; músicos podem disponibilizar seus trabalhos em plataformas, deixando suas criações mais convidativas para os ouvintes.

Essas ferramentas, além de revolucionar e otimizar o tempo de seus usuários, criam formas inovadoras de experiência nesses meios de consumo. Diferentes áreas, como artes, música e entretenimento, são auxiliadas pelos sistemas computacionais, que constroem e modelam protótipos rápidos, como as ferramentas de auxílio ao design de produtos industriais.

Em congressos e seminários de *software* e tecnologias, sempre apresentadas as novidades do mercado. Uma dupla da Microsoft Research criou o Light Ring, por exemplo, que utiliza um infravermelho para detectar o movimento dos dedos e um giroscópio para determinar a orientação, e ele ainda pode transformar qualquer superfície em uma interface.

Essas descobertas do mundo tecnológico, aliadas à UX e ao UI design, favorecem um cenário em que as pessoas podem ter uma maior e mais rápida tomada de decisão, em virtude de uma lógica instaurada na produtividade intelectual. Desse modo, construir objetos e cenários usuais e que facilitam a vida das pessoas é uma forma de aplicar melhor o tempo e aumentar o bem-estar individual.

O design de interfaces pode ajudar as pessoas a utilizarem melhor os objetos, a exemplo de um computador ou um *smartphone*. Muitas são os indivíduos que utilizam esses objetos de maneira comum, isto é, usando poucas de suas funções. É aí que o design de interfaces busca promover um acesso em que os produtos sejam utilizados de forma mais fácil, descomplicando suas funcionalidades.

A tendência é que o designer de interfaces seja um profissional cada vez mais requisitado no mercado de trabalho. Afinal, é crescente a demanda por interfaces cativantes e que engajem o usuário. Acredita-se que o desenvolvimento de novas interfaces deva ser pensado também para um público mais velho, como o da terceira idade.

Portanto, investir em interações que contemplem esse grupo mais experiente implica compreender que existem necessidades e dificuldades específicas dessa faixa etária, que é totalmente diferente das gerações Y e Z. Ademais, ambientes interativos e que proporcionem uma maior segurança ao usuário são alguns dos desafios do profissional designer de interfaces.

Embora a realidade já seja a de objetos e dispositivos inteligentes, ainda não vivemos – pelo menos, não no Brasil – uma realidade integralmente cercada pela IA. Dedicaremos uma seção específica, nesta obra, para discorrermos sobre essa temática. O que podemos adiantar é que, em breve, essa será uma realidade que se ampliará e pela qual, notoriamente, as pessoas vão observar e absorver interfaces em todos os lugares.

Essa realidade já é bem tratada em séries ofertadas em serviços de *streaming*. *Black Mirror*, por exemplo, mostra como a tecnologia pode afetar o cotidiano e a vida das pessoas. Apesar de se tratar de ficção científica, diversas atitudes são expostas em cenários com os quais as pessoas, em algum momento, podem se identificar.

Os escritores e roteiristas de ficção científica têm apresentado em suas obras um futuro em que a tecnologia é bastante presente. Criar realidades que se baseiam no funcionamento da IoT, da AI, da realidade aumentada, das interfaces e de tantos artifícios é uma característica usual que as produções de ficção científica têm a habilidade de explorar. A propósito, é um bom instrumento de consulta para os profissionais que gostam de ampliar seu rol de referências.

Uma das tendências do design de interfaces é a **interface multimodal**. Essa área demonstra que a tecnologia está sendo difundida com os movimentos do corpo humano. Exemplo disso são os óculos Google Glass, dos quais, a maior parte das funções obedecem a comandos de voz. O produto foi anunciado pelo

Google em 2011 e, inicialmente, parecia uma ideia saída de uma obra de ficção científica.

Os óculos apresentavam uma interface de realidade aumentada aos olhos do usuário. Era possível visualizar mapas, acessar a câmera, as redes sociais e vários itens disponíveis em um *smartphone*. No ano seguinte, em 2012, pesquisadores apresentaram a versão e a experiência real proporcionada pelo Google Glass. Em síntese, essa e outras tecnologias estarão (e já estão) disputando espaço no mercado e, claro, o design de interfaces é parte dessas experiências pensadas para o usuário.

1.4 Usabilidade e experiências com o design de interação

Para explicar o que é o design de interação, iniciaremos citando as famosas *Dark Patterns* e o que elas provocam na *web*.

Dark Patterns são "pegadinhas" ou armadilhas que estimulam o usuário a clicar em elementos presentes nas interfaces que ele não escolheria. Em muitos casos, *websites* querem que esses comandos sejam convertidos em vendas. O problema é que isso segue uma lógica de vendas e conversões, desconsiderando a experiência do usuário.

Essa reflexão é importante até porque envolve a ética do design. Por exemplo, o profissional tem de conjugar o interesse das empresas, que buscam o aumento das vendas e a fidelização de clientes, mas também precisam pensar nos usuários, que podem se sentir ludibriados. A interface é uma forma de comunicação com o usuário e a transparência é sempre o caminho mais acertado.

Essas situações envolvem também alternativas de alteração de padrão, ou seja, há momentos de compras em que uma função já está pré-selecionada, como "Desejo receber *newsletters*". É aconselhável, porém, que o usuário marque a opção, pois isso demonstra maior respeito pelo usuário, que tende a sentir-se mais seguro nesse tipo de interface.

Outro exemplo de aplicação do design de interação são os assistentes de voz, que têm se popularizado no Brasil, como a Alexa e o Google Assistant. Essas interações são estabelecidas por comandos de voz, em que o usuário passa a interagir, criar lembretes, pedir uma música ou outro tipo de ação. Para aqueles que têm mais intimidade com a tecnologia, interagir com essas máquinas não é um problema, há, ainda, indivíduos que se assustam com essas possibilidades.

O que não pode ser negado é que essa realidade já está presente no dia a dia e, por sinal, já eram realizadas por outras interfaces visuais. A partir de então, percebe-se o desafio lançado aos designers que atuam na área do design de interação: construir **interfaces conversacionais**. Isso porque não basta criar uma máquina que oferece tecnologia; o usuário anseia ter algo interativo e que contenha o menor número de erros possível. Como os designers também trabalham no planejamento e no desenvolvimento de interfaces para marcas, é bem possível que elas passem a ter suas próprias vozes na internet.

É fato que os diálogos ainda são restritos; logo, esses assistentes estabelecem conversas rápidas; por exemplo, quando o usuário pede uma música, o dispositivo pode responder algo como "Ok, entendi. Aqui vai uma *playlist* para você ouvir". A Alexa, por exemplo, quando solicitado, conta piadas, fornece a previsão do tempo e as últimas notícias jornalísticas. O desafio para os desenvolvedores é prever possíveis novas perguntas de usuários e programar esses assistentes de voz para fornecerem as respostas mais eficientes.

Diferentemente das telas de celular e computador, os assistentes de voz não apresentam a opção de imagens ou cliques. Por isso, prezar por um vocabulário que não cause dúvidas ou confusões é uma boa prática para os desenvolvedores. Talvez você não note, de imediato, a importância da escolha das palavras a serem reproduzidas por esses assistentes, mas acredite: nessas circunstâncias, absolutamente tudo deve ser pensado para proporcionar uma melhor experiência ao usuário.

Apesar de serem muito eficazes, é notório que essas interfaces ainda precisam evoluir de modo que a experiência e a interação de voz sejam cada vez mais precisas e satisfatórias para os usuários. Isso se estende, por exemplo, à nova tendência de eletrodomésticos inteligentes, que já começam a ser incorporados às residências familiares.

Esse cenário é o ambiente de desenvolvimento da IoT, em que diferentes aparelhos e eletrodomésticos são conectáveis aos assistentes de voz ou outras tecnologias.

Assim, é provável que as pessoas encontrarão modos de interagir com tais equipamentos e que essa comunicação será mediada e/ou facilitada com a ajuda de profissionais, como o designer, para o aperfeiçoamento dessas relações. A pesquisa

Latin America Finds Its Voice realizada pela empresa de *marketing* digital iProspect (2021), identificou que, somente na América Latina, 51% das pessoas que têm celulares *smartphones* já fazem buscas utilizando o recurso de voz.

Estamos relatando o crescimento do uso de assistentes de voz no Brasil, mas é forçoso comentar que existe um abismo social e cultural no país, em que muitas pessoas nem sequer têm acesso à internet ou a dispositivos com tecnologias bem mais simples. Dito isso, é previsto o avanço desses dispositivos, mas não se sabe ao certo o quanto as pessoas irão aderir a eles. Uma das vantagens dos assistentes de voz é que o grande número de brasileiros analfabetos e analfabetos funcionais podem se beneficiar desse recurso tendo mais chances de ter acesso a certos serviços.

O debate sobre as tecnologias e as experiências é ampliado quando o assunto é **realidade aumentada** e **realidade virtual**. A realidade aumentada (AR – *augmented reality*) consiste na união entre o mundo real e o virtual mediante gráficos digitais que se sobrepõem à visão do espaço físico. Já a realidade virtual (VR – *virtual reality*) é uma espécie de simulação em que o usuário se sente parte da realidade virtual, apesar de ser uma experiência baseada em um sistema computacional.

A realidade aumentada está próxima da realidade física, do mundo real em si, ao passo que a realidade virtual está no outro extremo, próxima à realidade digital. Essas realidades, que mantêm pontos de contato, fomentam discussão sobre a **realidade mista**. Esse conceito foi introduzido nos estudos científicos em 1994 e, desde então, entende-se que a realidade mista é algo que ultrapassa as telas digitais, incluindo ambiente, som espacial e localização.

Jogos virtuais, aplicativos e tantas outras formas de exploração que fazem parte da realidade virtual já são assuntos bastante difundidos no mundo científico. A realidade aumentada também está inserida nesse debate, sendo um forte exemplo o Pokemon Go. A realidade mista é uma espécie de intersecção entre os mundos digital e real.

No Reino Unido, médicos estão utilizando os HoloLens, da Microsoft, que são óculos de realidade mista que permitem que os profissionais da saúde façam consultas e visualizem exames digitalizados sem precisar se expor à Covid-19, doença que afetou o mundo inteiro, exigindo medidas para diminuir a propagação, como o isolamento social.

A realidade mista é uma área que diz respeito à atuação dos designers de interação, pois será papel desses profissionais buscar se atualizar sobre essas criações, construindo interfaces adequadas e inovadoras para o público-alvo.

Além disso, o design de interação também é lembrado por causa da **interação humano-computador** (IHC), apesar de serem ações diferentes. Essa especificidade do design é muito mais ampla, pois abrange a pesquisa, a teoria e a prática do design que compartilha as experiências de usuário. O IHC tem um caminho mais direcionado e que trata do design, da avaliação e da implementação de sistemas computacionais interativos para uso humano.

Quando se trata dos tipos de experiências de usuário, o designer de interação deve estar inteirado a respeito do consumo do público: o entendimento das tecnologias, como é o uso e a interação entre eles, como as pessoas se comportam em meio a esses dispositivos etc.

Essa gama de informações já revela o quanto esses profissionais precisam estar atualizados, sendo capazes de criar experiências que funcionem para as pessoas. Além disso, entender sobre modelos de negócios e *marketing* digital é (ou pode ser) um diferencial.

Esses diferentes conhecimentos também são possíveis pela formação de equipes multidisciplinares que reúnam engenheiros, designers, programadores, artistas, psicólogos e outros. Com isso, a área de design de interação aprofunda-se e confirma as múltiplas capacidades para o desenvolvimento e o aprimoramento para o mercado de trabalho.

É claro que essas equipes devem ser bem estruturadas, pois a escolha depende muito da empresa e de seu produto. Entretanto, essa multiplicidade de formações permite desenvolver novas metodologias de pesquisa, de prática e de trabalho.

Neste primeiro capítulo, abordamos o design de um modo geral, algumas de suas extensões e o quanto todas essas áreas estão interligadas.

Explicamos que o design é um trabalho que está presente tanto no meio quanto no fim de um processo, ao contrário da ideia geral, de que o design é o final de um produto. Para isso, é preciso um trabalho constante de atividades desenvolvidas e centradas no usuário, de modo que explorem todas as suas potencialidades.

Ter conhecimento das teorias e de como desenvolvê-las é, sem dúvidas, um dos pré-requisitos para o designer ter sucesso no atingimento das metas. No entanto, um dos principais pontos é saber que todo esse trabalho é desenvolvido por e para pessoas. Por isso, o profissional de design não pode perder de vista que, ao desenvolver um objeto, artefato ou uma ferramenta, estes devem ser efetivos e ter uma funcionalidade que ajude na vida de alguém. Essa afirmação é um pouco conflituosa quando comparamos com a realidade de empresas que buscam, exclusivamente, a venda de seus produtos.

Todos esses avanços e tecnologias são desenvolvidos com o objetivo de melhorar a experiência e proporcionar facilidades na vida das pessoas. Apesar disso, alcançar o nível de perfeição de um projeto é algo praticamente impossível, já que a invenção tecnológica e novos modelos são lançados constantemente, além de se estar lidando com a complexidade do sujeito pós-moderno. O lado bom dessa dinâmica é que esses lançamentos têm buscado contemplar uma pluralidade de pessoas, levando em consideração diferentes gostos, costumes e hábitos. Os níveis de interação com um produto ou *software* ainda estão sendo aperfeiçoados pelos seres humanos. O futuro, certamente, reserva muitas mudanças no modo de se relacionar com o mundo por intermédio de diferentes tecnologias, e o designer precisa estar preparado para atuar nessa área.

Who is Danny/Shutterstock

CAPÍTULO 2

DESIGN, TÉCNICAS E MERCADO DE TRABALHO

2.1 O design e a arquitetura da informação

No capítulo anterior, discutimos sobre o design em diferentes perspectivas: serviços, UX, UI e interação. Agora, propomos seguir adiante, com conceitos que fazem parte desse ecossistema tecnológico-informativo e que, agregados a técnicas mais humanistas, podem proporcionar melhores experiências no campo virtual.

Empregamos o termo *técnicas* por entender que o design carrega essas particularidades aplicadas ao mercado de trabalho. A área consegue, satisfatoriamente, mesclar as teorias com a prática, equacionando-as de modo a lidar com esse ecossistema.

Você provavelmente observou no primeiro capítulo que não se pode falar de uma categoria sem mencionar outra, pois todas essas abordagens interagem. Atualmente, para desenvolver um trabalho que envolva criação, é esperado que se tenha equipes de profissionais que lidem com a organização e a estruturação da informação, proporcionando uma experiência digital útil e intuitiva para as pessoas.

O profissional responsável por essa tarefa é o arquiteto de informação. A propósito, já existem escritórios contratando profissionais exclusivamente para essa demanda. A questão é que é uma área ainda desconhecida para muitos, porém, é preciso entendê-la.

A **arquitetura de informação** (IA – *Information Architecture*) visa à organização de algo que o usuário procura.

Thiago Xavier (2018) assim explica a arquitetura de informação: "Seja em objetos ou locais, físicos ou digitais, ela também possui a finalidade de tornar claro o contexto em que o indivíduo ou usuário está". De acordo com esse autor, uma das principais utilidades da arquitetura de informação é a possibilidade de desenvolver produtos e serviços com mais qualidade e disponibilizá-los aos consumidores.

Isso é importante, pois algumas organizações ainda não conseguem encontrar os benefícios de contratar esse tipo de profissional, que em sua maioria atua ao lado de designers, programadores, analistas de UX.

Como qualquer ciência, a arquitetura de informação mantêm pontos de contato com outras áreas, que a complementam. Psicologia cognitiva, biblioteconomia, arquitetura, semiótica, sistemas de rotulagem e várias outras áreas estão interligadas na aplicação de metodologias e sustentação da arquitetura da informação.

Em 1976, em uma conferência do American Institute of Architects (AIA), o arquiteto, designer gráfico e um dos criadores das conferências TED (Technology, Entertainment, Design), Richard Saul Wurman (1935), cunhou o termo *arquitetura da informação*. Uma de suas preocupações era a organização cuidadosa das informações, diante da enorme quantidade de dados que circulam na sociedade.

Não basta gerar informação. No contexto digital, é preciso geri-la, compreendê-la, organizá-la. Davenport (2001) apresenta um conceito que pode ser útil para o campo do ambiente informacional. Conforme o autor, existe um modelo que é dividido em seis áreas, quais sejam:

1. estratégia da informação;
2. política;
3. gestão;
4. equipe;
5. cultura e comportamento;
6. arquitetura da informação.

Especificamente sobre a arquitetura da informação, o autor afirma que por décadas a arquitetura informacional era lida somente com referências computacionais e que a arquitetura era organizada de cima para baixo. Isso configurava-se como uma limitação, não se constituindo a melhor resolução do problema.

Com o tempo, o volume de informações *on-line* e *off-line* foi aumentando, o que exigiu uma organização para que o usuário pudesse navegar e encontrar o que precisava. Diante dessa alta demanda de informações, profissionais como o arquiteto de informação foram ganhando relevância para a esquematização desses dados.

Na *web*, o usuário navega exercendo uma dupla participação, isto é, ele consome a informação que é publicada ao mesmo tempo que gera informações. Isso porque ele é, a um só tempo, emissor e receptor, construindo mensagens, compartilhando, editando e recebendo o que já foi postado por terceiros.

Esse acúmulo de informações requer um arranjo, que fica a cargo de ferramentas que possibilitam recuperar e proporcionar um acesso mais rápido e ágil ao usuário.

Na formulação e organização dos produtos digitais, o arquiteto da informação aplica princípios do design e da arquitetura ao ambiente digital. Uma informação equivocada e/ou irrelevante tende a resultar no insucesso de vendas; isso quer dizer que a decisão do consumidor de não concluir a compra pode acontecer por causa da confusão de dados ou mesmo pela ausência de informação na plataforma ou no aplicativo. Nesse exemplo, a aplicação da arquitetura da informação resolveria esse problema.

A área é dividida em três fundamentos essenciais:

1. usuário;
2. conteúdo;
3. contexto.

Ao planejar uma estratégia que contemple esses três fundamentos, o arquiteto da informação possivelmente diminuirá os riscos e prejuízos de uma empresa no ambiente digital.

O usuário é agente fundamental nesse processo, pois é ele o utilizador da informação. Assim sendo, é papel do arquiteto da informação realizar pesquisas, buscando conhecer profundamente quem é esse usuário. Identificar os desejos e as necessidades do consumidor integra esse trabalho, de modo a disponibilizar as informações pertinentes nesses ambientes digitais. Também é função desse profissional construir as *personas*[1], que são as figuras fictícias, auxiliando na identificação de possíveis usuários.

---

1   De acordo com a empresa Rock Content, persona é um tipo de perfil fictício baseado em dados de clientes reais que representa o cliente ideal de uma empresa. A *buyer persona* é a base de toda a estratégia de *marketing* digital e de produção de conteúdo.

Com isso, pode-se entender quais são os objetivos daquele negócio, sua missão, visão e seus valores, entre outras características. Por fim, esse profissional lida com o conteúdo, definindo como serão inseridos os textos, as imagens, os gráficos e outros itens que ficam a critério da equipe e de seus proprietários. A função do arquiteto de informação reside, justamente, em buscar harmonia entre esses três elementos: usuário, conteúdo e contexto.

Quadro 2.1 – **Tripé da arquitetura da informação**

Usuário	Conteúdo	Contexto
A *persona* faz parte da criação, já que ela carrega características baseadas em um perfil de usuário. É preciso que a IA atente, entre outros fatores, às necessidades do usuário; à experiência de uso e ao comportamento de busca pela informação.	Contempla imagens, vídeos, conteúdos em áudio, gráfico etc. Envolve o mapeamento de telas e do volume de informações.	Corresponde à situação ou ao estado em que os usuários, a empresa e/ou o projeto se encontram. São os modelos de negócios, recursos, as tecnologias utilizadas e outros.

Quando se pensa nas necessidades de um grupo de consumidores, no conteúdo que eles desejam e no contexto – que também pode ser lido como estrutura –, é desejável que esse projeto seja construído por meio de mapas ou gráficos. Ao construí-los, é importante elencar as categorias e subcategorias. Por exemplo: é possível iniciar com a *home*, que é a página principal de acesso do usuário, e depois acrescentar as categorias adequadas e em número pertinente ao negócio.

No caso de um *site* jornalístico, pode-se criar categorias como *esporte* e *policial*, dentro dessas categorias podem ser alocadas subcategorias como *esportes > futebol > masculino e feminino* ou *policial > casos que chocaram o mundo*. Essa construção do tipo árvore permite que se faça uma **indexação** das páginas pelo Google. Isso nada mais é do que tornar o *site* visível nas buscas, e para que ele seja exibido no índice de resultados, precisa passar por três etapas: (1) rastreamento, (2) indexação e (3) publicações de resultados.

Na prática, quando alguém clica no *link* para o *site*, são buscados *links* dentro dessa página que conduzem para outras páginas. Por isso, se essa sequência de páginas acessadas e todas as demais instruções não forem feitas de maneira organizada, o usuário provavelmente terá dificuldades de permanecer na plataforma.

Nesse ponto de nossa explanação, talvez você esteja detectando semelhanças entre arquitetura da informação e o SEO (*search engine optimization*, ou otimização de *sites* para mecanismos de busca). De fato, essas duas áreas são extremamente próximas, já que a arquitetura da informação é fundamental para um bom projeto de SEO. Para Diego Ivo (2020), o CEO da Conversion, não se pode confundir os *links* patrocinados com a **busca orgânica**, que são os resultados não patrocinados e que são organizados de acordo com o algoritmo do Google.

Fato é que essas duas técnicas, trabalhadas em conjunto, podem ajudar na otimização de buscas, resultados e conversões. Logo, ambas envolvem organização e categorização.

Além da organização – que já foi discutida –, a arquitetura da informação requer um planejamento que gere facilidades de navegação, promovendo essa circulação pelo espaço informacional e hipertextual. A busca é um serviço secundário da navegação, que pode ser auxiliada pelo trabalho do SEO, objetivando que o consumidor encontre a informação.

A imagem a seguir representa a relação entre o UX design, que é a experiência de usuário, com as seguintes ideias: interação, arquitetura de informação, pesquisa de usuários e outras.

Figura 2.1 – **Elementos do design de experiência do usuário**

UX DESIGN

Interface | Navegação | Estruturação | Design | Interação humano-computador | Pesquisa de usuários | Usabilidade | Acessibilidade

Trueffelpix/Shutterstock

A figura explicita que esses conceitos não estão isolados, mas interligados, e que o usuário interage com eles. Assim, a arquitetura da informação é uma parte desse processo, por sinal, muito importante no mapeamento e na organização da informação, seja de um produto, seja de serviço.

Ao mencionar a UX, convém recordarmos que se trata de um conceito diferente do de arquitetura da informação. Esta busca uma modelagem mais técnica do produto, garantindo uma boa usabilidade e funcionalidade da plataforma, já a primeira está focada na experiência do usuário, tornando a interface agradável e intuitiva para esse agente.

Passando por essas explicações sobre a arquitetura de informação, temos de comentar o que é *wireframe*. Trata-se de uma demonstração de mapa ou esqueleto de um *site*, sendo um instrumento que integra o processo. Ele funciona como um protótipo estático da página de um *site* ou aplicativo. O objetivo do *wireframe* é comunicar a ideia primária do produto em pouco tempo e de forma clara, geralmente acompanhado de legendas, explicando cada item que o compõe.

Esse planejamento é fundamental para o sucesso de um projeto na *web*, podendo ser, inclusive, um guia na etapa de diagramação da página. No trabalho do UX designer, os *wireframes* podem ser ótimos auxiliares apresentando uma previsão de como a arquitetura e a interface de um *site* ou aplicativo poderão ser definidos.

A Figura 2.2, a seguir, apresenta um modelo de trabalho desenvolvido com um *layout* de estrutura *wireframe*.

Figura 2.2 – **Exemplo de *wireframe***

Embora a ideia de produzir o *wireframe* seja agradável, é preciso contextualizá-lo na apresentação para o cliente, uma vez que este muito provavelmente nem sequer imagina a dimensão das conexões com que o arquiteto de informação ou o UX designer trabalha. Por isso, não basta ter boa intenção, é preciso trabalhar o contexto e o nível de detalhamento dessas informações. Há, porém, certos recursos a que se pode recorrer para fazer tal adequação. No Capítulo 1, comentamos sobre os *briefings*; esses instrumentos são ótimos caminhos a serem construídos em conjunto com o cliente. Em seguida, com todas essas informações distribuídas e coletadas, a elaboração dos *wireframes* fica mais direcionada e fácil, e as chances de erros são menores.

O *wireframe* é, ainda, um instrumento poderoso na comunicação entre os profissionais que os estão executando, independentemente de serem eles designers, programadores/desenvolvedores ou clientes. Por isso, no momento da elaboração do *wireframe*, é recomendável colocar informações essenciais, como cada elemento da interface do produto desejado, a descrição de imagens, dos espaços e outros detalhes.

Essa "prévia" do *layout* tanto pode ser esboçada usando-se papel e caneta como diretamente no computador com o uso de ferramentas *on-line* gratuitas, além de *softwares* com a mesma finalidade.

O elaborador de um projeto pode escolher a ferramenta que deseja para desenvolver seu *wireframe*, mas o Adobe é referência quando o assunto é edição, oferecendo como programas o Photoshop e o Ilustrator para criar um *wireframe*. Também é possível utilizar o InVision, que é uma ferramenta com diversos recursos interativos, além do Axure, Hotgloo e outras plataformas. Vale explorá-las.

2.2 O designer tem de saber programar?

O design e a área de programação, assim como a UX, têm algo em comum: o usuário. Não perder essa noção de vista é essencial para compreender outras nuances que cercam essa discussão. As três dimensões visam fazer o usuário ter sucesso e uma melhor experiência com determinado produto. Com isso, é desejável que o usuário esteja próximo; afinal, a satisfação é um fator determinante e deve vir dele.

O primeiro passo para responder à pergunta norteadora "Os designers precisam saber programar?" é reconhecer que essa dúvida existe e já foi discutida. Isso porque ainda não se chegou a uma definição sobre se criatividade e lógica devem ou não se misturar. A seguir, analisaremos o que a literatura e diversas produções acadêmicas dizem a esse respeito e em que instância design e programação se aproximam.

Na educação básica e mesmo na educação superior, muitos são os desafios para os alunos que estão envolvidos no processo de aprendizagem de programação. Gomes, Tedesco e Melo (2016, p. 41) assinalam que poucos são os iniciantes que consideram essa atividade como uma prática fácil e prazerosa.

Neste contexto, surgem os desafios enfrentados pelos educadores ao projetarem experiências de ensino de programação: *"como encorajar os estudantes a praticar programação e como estabelecer métodos que avaliem de maneira efetiva as habilidades individuais de programação?"*. [Gove, 2012; Huggard, 2004]

No trabalho, ao tratarem das variáveis do problema em questão, os autores apontam hipóteses como a falta de aptidão, a combinação inadequada e a utilização inapropriada dos conceitos básicos, conhecimentos prévios insuficientes, dentre outros (Gomes; Tedesco; Melo, 2016).

Para além dessas possibilidades a serem trabalhadas no desenvolvimento de jovens, a área do design é apontada como uma área complementar à programação para o processo de ensino e aprendizagem. A pesquisa adotou uma abordagem pedagógica e uma ferramenta de ensino, os jogos. Os pesquisadores afirmam que os jogos favorecem a criação de experiências e de aprendizagem mais engajadoras. Em suma, a combinação de áreas como o design e a programação pode resultar em experiências importantes e que contribuam para o desenvolvimento de jovens iniciantes em programação.

O design, especificamente, é apontado como algo inerente aos jogos e tem o potencial de tornar a experiência do usuário mais leve e agradável. Reforçamos, então, que o design, além de trabalhar os elementos visuais (estéticos), na experiência do jogo, objetiva priorizar um entretenimento e a experiência dos indivíduos.

Apesar das razões apontadas no artigo e de toda a complexidade no aprendizado, trabalhar diferentes habilidades e estudos – como o design e a programação – pode ser uma maneira de proporcionar novas abordagens ao aluno que, por vezes, não tem aptidão para uma área, mas tem facilidades em outra. Isso implica reconhecer que essas ferramentas poderiam ser trabalhadas de forma conjunta, o que pode facilitar o aprendizado em certo nível e despertar novas descobertas no futuro.

Lima e Mattar Neto (2017) também fizeram uma análise transversal do design educacional. Os pesquisadores concluíram que este pode ser utilizado na prática para estruturar um projeto da disciplina de programação de computadores capaz de potencializar o processo de ensino-aprendizagem na modalidade educação a distância (EaD). No estudo, foram utilizadas técnicas para demonstrar que os conceitos e a linguagem de programação podem ser usados de maneira adequada quando também formados por conceitos e técnicas do design educacional.

Conforme esses autores, tal modo de design permite um aprendizado significativo: "Dessa maneira, acredita-se ser possível atingir o objetivo de demonstrar na prática as estratégias do Design Educacional na estruturação de projetos de ensino que privilegiam a construção da aprendizagem a distância" (Lima; Mattar Neto, 2017, p. 202).

Essa análise mostra uma relação entre a programação de computadores e o design educacional, mas, sobretudo, que essa relação e criação de modelos educacionais em EaD são desafiantes. A área do design educacional é distanciada do design gráfico; no entanto, o assunto surge como incentivo para iniciativas de estratégias educacionais que busquem a autonomia de aprendizagem e a construção colaborativa da educação e do conhecimento.

Embora esses estudos demonstrem que essas áreas são interligadas, é preciso desmitificar a obrigatoriedade de todo e qualquer designer saber sobre programação. Isso terá relação direta com as vagas de emprego possivelmente ofertadas no mercado de trabalho, uma vez que há empresas que desejam que os designers saibam coisas mínimas de programação, ao passo que outras preferem um designer que tenha especialidade em uma única área.

Também há empresas que exigem programações de interface *front-end* do produto, o que será tratado na seção a seguir. A verdade é que o campo é bastante amplo e que aqueles que desejam se tornar um desenvolvedor *web*, por exemplo, precisam estudar assuntos básicos como HTML (HyperText Markup Language, ou Linguagem de Marcação de HiperTexto), CSS (Cascading Style Sheets, ou Folhas em estilo cascata) e JavaScript, além de outros temas essenciais para se prepararem para suas carreiras.

2.3 A *web* sob as lentes do *front-end* e do *back-end*

No mundo tecnológico, existem vários caminhos a serem seguidos e escolhidos pelos desenvolvedores, sendo alguns deles o *front-end* e o *back-end*. Esses conceitos básicos remetem a camadas em uma aplicação *web*. Apresentaremos essas denominações de maneira descomplicada para que você, leitor, reflita sobre o assunto e busque mais informações a esse respeito se desejar se aprofundar.

Quando alguém acessa um *site* institucional, geralmente, de imediato observa imagens, títulos, *links* e outros detalhes. Todas essas informações visuais compõem o que se convencionou chamar *front-end*, quer dizer, aquilo com que o usuário pode interagir por essa aplicação. Uma das partes que estão envolvidas no *front-end* é a criação, em que o profissional responsável precisa pensar e elaborar conteúdos que funcionem bem e em vários formatos, como as telas dos dispositivos móveis e *desktops*.

Para o desenvolvimento do *front-end* de criação, é também necessário que o profissional se especialize em assuntos que contemplem HTML (linguagem usada para estruturar todo o conteúdo de um *site*), CSS e JavaScript. Assim, entende-se que o profissional deve ser capaz de sanar as dúvidas sobre essas áreas que envolvem a parte visual e a usabilidade.

Ainda tratando do *front-end* de uma plataforma de *e-commerce*, aquilo que é possível ser visualizado pelo público faz parte desse conceito: a vitrine de uma loja, sendo a página inicial, o carrinho de compras e muitos outros itens. Optar por interfaces intuitivas e capazes de fornecer informações de maneira fácil e acessível exigiu do *front-end* uma evolução para atender às demandas dos usuários. O *front-end* também é dividido no segmento *developer*, em que o responsável por esse setor, além de entender de HTML e CSS, deve se especializar na linguagem aprofundada do JavaScript.

As empresas, tanto brasileiras quanto estrangeiras, demonstram maior interesse por profissionais de design que atuam em desenvolvimento *front-end*. É o que revelou uma pesquisa feita pela Trampos.co (Yonamine, 2021), empresa que sempre está atualizando informações sobre o mercado de trabalho. A pesquisa mostra que o cargo está entre os mais procurados para contratação.

Acrescentamos que um desenvolvedor *front-end* e um designer podem trabalhar juntos, assim como pode ocorrer de o mesmo profissional desenvolver os conhecimentos de ambas as áreas a fim de aprimorar suas atividades.

Quando o profissional prefere trabalhos mais complexos e que lidam com a programação em JavaScript, talvez o melhor caminho seja se aprofundar no *front-end developer*.

Em síntese, o *front-end* e o *back-end* são funções desenvolvidas pelos programadores, mas que podem estar alinhadas ao design, como é o caso do *front-end* de criação. A rotina de um programador *back-end* é repleta de siglas e, claro, não é tão fácil memorizá-las rapidamente. Essas nomenclaturas designam as tecnologias de desenvolvimento utilizadas na internet.

Sobre o *back-end*, uma das principais orientações é conhecer bem a linguagem com a qual se deseja trabalhar e seus paradigmas. Assim, o profissional deve se aprofundar em linguagens como Java, PHP, Ruby e outras entre as muitas que circulam e são cobradas no desenvolvimento de trabalhos. Essa é uma área mais complexa, pois se preocupa com o *software*, o banco de dados e os detalhes que subjazem as interfaces vistas pelo usuário.

Gorini (2018) elaborou o projeto de um aplicativo *mobile* para automação do preenchimento de fichas de atendimento do Serviço de Atendimento Móvel de Urgência (Samu), considerando as dificuldades com o tratamento dos dados de pacientes relacionadas a perdas dessas informações ou outros tipos de prejuízos. O objetivo era que esse *software* facilitasse a inserção dos dados e minimizasse os erros de preenchimento.

O pesquisador utilizou diversas metodologias para desenvolver esse trabalho, valendo-se da literatura específica, projetos de sistema de *software* com elaboração dos artefatos necessários para o desenvolvimento, assim como os testes do *back-end* com solução de Business Intelligence (BI). Os resultados mostraram que o uso da tecnologia garantiu a melhoria no atendimento do serviço. Os resultados também apontaram que essa melhora representou um importante recurso para análise de dados. Além disso, o autor concluiu que:

> Com o objetivo de definir uma padronização nos registros, melhorar o processo de análise de dados, diminuir a inconsistência, perdas e falhas no preenchimento, foi desenvolvido um projeto de software e um MVP[2] para o preenchimento digital da ficha e visualização dos dados através de um aplicativo móvel, permitindo uma fácil captação e análise das informações utilizando técnicas e ferramentas de *Business Intelligence*. (Gorini, 2018, p. 22)

Por ora, encerramos essa discussão, tendo apresentado as nomenclaturas de *front-end* e *back-end*, seus significados e como estão convergindo no mundo da *web*. Comentamos que esses conceitos são utilizados frequentemente para o desenvolvimento de *sites* e aplicativos e que, na verdade, eles estão relacionados, assim como conceitos do design que já abordamos nesta obra. A seguir, sintetizamos em um quadro essas duas nomenclaturas.

---

2 MVP é a sigla para Minimum Viable Product (Produto Mínimo Viável), que consiste em desenvolver a versão mais simples e enxuta de um produto.

Quadro 2.2 – **Back-end e front-end**

	Back-end	*Front-end*
Definição	É basicamente como o *site* funciona, abrangendo suas atualizações e mudanças. Refere-se a tudo o que o usuário não pode ver no navegador, como bancos de dados e servidores.	É tudo o que o usuário vê, incluindo design e algumas linguagens, como HTML e CSS.
Linguagens	PHP, ASP[3], Java, Ruby, Python.	HTML (xHTML, HTML4, HTML5 etc.), CSS (CSS2.1, CSS3 etc.), JavaScript.
Exemplos	Gravação e atualização de informações; envios de *e-mail*; funções que geram análises dos dados armazenados e ficam disponíveis para gráficos etc.	Recursos da interface do sistema; interação com o usuário; animações etc.

Além de explicar o que é e onde esses conceitos são vistos, também citamos os tipos de linguagem de programação utilizadas. Na seção a seguir, voltaremos a tratar dos processos de criação.

2.4 Testes de usabilidade

No capítulo anterior, discorremos sobre a experiência do usuário (*user experience* – UX), e informamos que uma ferramenta bem interessante para medir essa experiência é o teste de usabilidade. De acordo com Volpato (2014), o teste de usabilidade é definido por uma técnica de pesquisa "utilizada para avaliar

---

3   ASP é a sigla para Active Server Pages (Páginas de Servidor Ativas).

um produto ou serviço. Os testes são realizados com usuários representativos do público-alvo. Cada participante tenta realizar tarefas típicas enquanto o analista observa, ouve e anota".

Os testes de usabilidade têm por objetivo verificar a facilidade de uso de uma interface. Eles podem ser aplicados para verificar a usabilidade de *sites*, sistemas, aplicativos e outros meios visuais. Também é possível aplicá-los em produtos físicos. Eles podem ser feitos de forma presencial ou remota, por algum aplicativo, por exemplo.

Esse tipo de teste é fundamental no trabalho do UX designer, para o desenvolvimento de um aplicativo, de um sistema, de um *site* ou para qualquer outro projeto. Os testes ainda fornecem uma orientação e uma validação das quais os profissionais precisam para projetar produtos de excelência. Por isso, as equipes de design têm feito da prática do teste um hábito.

A pesquisa Digital Marketing in the High-Tech Industry (Ovum, 2017) aponta que 16,2% das empresas de alta tecnologia estão voltando sua prioridade para o engajamento do cliente. Esse percentual indica que as empresas começam a compreender a importância da experiência do usuário e como os designers precisam estar a par dessa função dentro dos negócios no mundo *on-line*.

É com base nesses dados que os testes de usabilidade detectam possíveis lacunas e meios de melhorar os produtos. Tais testes funcionam como uma pesquisa de mercado baseada em utilização por parte de pessoas ou grupos focais.

Não existe uma data específica para uma empresa aplicar os testes de usabilidade; no entanto, é interessante que haja acompanhamento periódico, já que a ideia é monitorar as facilidades e as dificuldades de um produto. Há empresas que optam por fazer um teste de usabilidade desde o recrutamento de pessoas, passando pelos procedimentos de análise, até a conclusão do projeto ou a entrega do produto.

A seguir, apresentamos os dois tipos mais usuais de testes de usabilidade:

1. **Descoberta de problemas**: Esse é um dos modelos de teste mais comuns. Ele é aplicado com o fito de identificar problemas e corrigir erros eventuais que possam surgir em uma plataforma. Nele, é possível verificar os obstáculos para uma utilização fluida.
2. **Benchmark**: Esse tipo de teste é empregado para estabelecer parâmetros de comparação entre diferentes versões de alguma plataforma. Tem como principal função realizar escolhas que beneficiem uma melhor utilização.

O objetivo do teste do usuário é evitar problemas de usabilidade; por isso, ele é feito antes da implementação ou produção em massa de um design, sendo necessário ao profissional da área conhecimento prévio de algumas ferramentas de teste de usabilidade.

Existe a possibilidade de se realizar testes de usabilidade *on--line*. Em casos de tarefas simples e de pequenos fluxos, a opção *on-line* pode ser excelente. No entanto, é importante destacar que estes não substituem os presenciais. Conversar com os usuários pessoalmente, fazer perguntas e observar é sempre válido.

Uma ferramenta possível de utilizar é o Maze Design, que disponibiliza uma variedade de dados (*heatmaps*, taxa de cliques errados, tempo gasto em uma tela, entre outros). Esses dados ajudam o designer a vislumbrar com mais clareza o que está construindo, uma vez que ele recebe, em tempo real, provas que mostram se a funcionalidade do produto ou serviço em construção é efetiva ou não.

No caso dos testes *on-line*, por suas especificidades, uma dica é manter um número pequeno de tarefas, tornando o teste mais rápido. Compartilhar teste *on-line* com um colega ou com alguém próximo, marcar o tempo que essa pessoa leva para concluí-lo e analisar se são necessárias mudanças são outros importantes passos a serem seguidos. O tempo ideal e estimado para a conclusão do teste é de 5 minutos.

Como os usuários podem não estar acostumados com esses tipos de testes, sugere-se que o profissional responsável pela aplicação comece por perguntas simples e objetivas, introduzindo o usuário ao que será abordado, informando a ele que se trata de uma versão preliminar com caráter piloto e não da versão final de uso. Também deve-se orientar o testador sobre a necessidade de usar apenas cliques, dispensando a escrita.

Outra maneira de facilitar a aplicação dos testes de usabilidade *on-line* é pensar na descrição da tarefa como se fosse um tuíte, expondo um propósito geral sem entrar em detalhes. Se for preciso escrever mais de 140 caracteres, é provável que o redator esteja sendo muito detalhista, o que pode levar a resultados tendenciosos.

Em suma, a usabilidade nada mais é do que a facilidade de um usuário utilizar um produto ou serviço. A UX, conforme expusemos, diz respeito aos sentimentos, sensações e, como o próprio nome indica, à experiência que o usuário tem ao utilizar tal produto.

Um exemplo para se aplicar a usabilidade é quando um profissional adiciona caixa de buscas ou *menus* nas interfaces. Isso porque a ideia é que esses padrões sejam utilizados para facilitar o uso dessas ferramentas por parte dos usuários. O designer de interface da Globo.com e também professor da PUC-Rio, Felipe Memória, autor do livro *Design para a internet* (escrito com base em sua dissertação de mestrado em Design com ênfase em Ergonomia e Usabilidade), tratou desse assunto em uma entrevista (Memória, 2021).

O pesquisador alerta que esses conhecimentos – incluindo aqueles sobre usabilidade – deveriam ser combustíveis para qualquer profissional que trabalha com internet, mas, obviamente, os designers têm como dever estudar sobre usabilidade.

De acordo com Memória (2021), a usabilidade é uma disciplina também importante para os arquitetos da informação.

No Brasil, existem diversos outros estudos sobre usabilidade de interfaces e interação humano-computador e Memória (2021) apresenta um panorama das pesquisas que estão sendo realizadas tanto pelos laboratórios das unidades quanto por empresas que estão atuando no mercado. Com relação aos cursos de pós-graduação da área no Brasil, Memória (2021) afirma que ainda não existem cursos específicos sobre ergonomia no país. Essa área do conhecimento é estudada como linha de pesquisa em cursos de mestrado e doutorado em áreas como design, arquitetura, engenharia de produção e informática.

Nos resultados, o autor aponta que, tanto no meio acadêmico quanto no mercado de trabalho, pesquisas relacionadas à boa experiência dos usuários estão sendo realizadas com êxito. É interessante observar que no caso da usabilidade de interfaces voltada para sistemas *web*, diferentemente do que acontece em outras áreas, há pesquisas realizadas no mercado tão avançadas quanto as desenvolvidas na academia. E como é de se prever, há diferenças entre elas, uma vez que no mercado existem problemas para a realização dessas pesquisas, como a falta de tempo e dinheiro.

> A maioria dos projetos conta com um período muito curto de desenvolvimento, até pela rapidez com a qual a evolução ocorre, impossibilitando que muitas pesquisas sejam feitas.
>
> No entanto, são muito poucas as empresas que desenvolvem este tipo de trabalho. A maioria das pesquisas ainda é feita na universidade.
>
> Por fim, podemos concluir que tanto a academia, quanto o mercado, contribuem juntos de forma decisiva para o desenvolvimento dos conhecimentos sobre interação humano-computador em nosso país. Para que essa contribuição seja realmente efetiva, cabe a ambos a apresentação dos resultados alcançados em congressos e seminários. (Memória; Mont'Alvão, 2021)

Alguns pesquisadores se especializaram no assunto *usabilidade*, entre eles, Jakob Nielsen (1957-), uma das referências em usabilidade nos Estados Unidos. Nielsen é autor do livro clássico intitulado *Usability engineering*, publicado pela primeira vez em

1993, no qual ele propõe um conjunto de dez heurísticas de usabilidade, que são apresentadas no Quadro 2.3.

Quadro 2.3 – **As dez heurísticas de usabilidade**

Heurísticas de usabilidade
1. Visibilidade do estado do sistema.
2. Correspondência entre o sistema e o mundo real.
3. Liberdade e controle ao usuário.
4. Consistência e padrões.
5. Prevenção de erros.
6. Reconhecimento em vez de memorização.
7. Flexibilidade e eficiência de uso.
8. Design estético e minimalista.
9. Suporte para o usuário reconhecer, diagnosticar e recuperar erros.
10. Ajuda e documentação.

Esse mapeamento pode ser considerado uma espécie de guia para a aplicação de estratégias de usabilidade aos usuários. Além de Nielsen (1994), muitos outros autores investigaram a perspectiva da usabilidade e as avaliações de interfaces na *web*.

2.5 O design(er) conceitual na contemporaneidade

Já explicitamos que a denominação *design* se refere a tudo aquilo que diz respeito a um processo técnico e criativo quando relacionado à elaboração de um artefato. Contudo, quando nos referimos ao *design conceitual*, a denominação vai além dessa definição, remetendo a um processo de criação do design que faça parte de **produções reflexivas**.

Franzato (2011, p. 2) explica que o design conceitual é uma abordagem utilizada pelos designers contemporâneos que escolhem formas distintas de se expressar em seus trabalhos, "por meio de maquetes, artefatos únicos, pequenas produções ou autoproduções, ou seja, formas que ficam longe da produção em série e não cabem em lógicas comerciais". Tal afirmação é interessante, pois possibilita uma conexão excelente com as roupas e acessórios utilizados por modelos nas passarelas de eventos no São Paulo Fashion Week. Tais artefatos não são expostos e vendidos em vitrines comerciais, no entanto, diversas marcas produzem produtos conceituais que veiculam ideias e posicionamentos da marca.

Ainda conforme Franzato (2011), essas práticas estão relacionadas com a presença de profissionais que usam suas habilidades, aptidões e competências para relacionar questões que transpõem os limites disciplinares, para formular teses a respeito e expô-las publicamente.

O conjunto de cores, formatos e tecidos podem ser instrumentos a serem explorados por designers da área conceitual. O designer Paulo Goldstein (1980), em entrevista a Denise Gustavsen (2017) afirma que "no design conceitual, as peças têm um discurso". Em seu trabalho, o designer utiliza pedaços de móveis e objetos, dando vida a novos artefatos e construindo, originalmente, narrativas do mundo contemporâneo.

Por isso, é possível pensar que um produto conceitual é utilizado como a visualização de algo criado por marcas, empresas e outros profissionais e que pode ser posteriormente lançado para o consumidor; a ideia, então, seria sondar a receptividade e a aceitação do público e do mercado em geral.

A inter-relação entre a arte e o design é uma tendência da contemporaneidade, a qual está marcada por linguagens híbridas. Segundo Moura (2003, p. 192), "o hibridismo vem no sentido contrário da organização, da limpeza visual e da formalidade funcionalista e Ulmiana, rompendo com este axioma, mas abrindo amplamente as possibilidades de criação, de experimentação e de exploração de uma nova linguagem".

Embora o termo *híbrido* aponte para diversos significados e diferentes compreensões, inclusive dentro da própria área da comunicação, adotaremos a definição de Moura (2003) como explicação norteadora para o pensamento. É nessa hibridez que tem se constituído um mundo cada vez mais complexo, de fluidez material e exposições midiáticas.

Essas transformações também são tecnológicas; afinal, esses eixos são interseções entre a indústria, a arte e o próprio mercado de trabalho. Castells (1999, p. 186) analisa essas transformações na sociedade contemporânea, reconhecendo ser uma sociedade da informação:

> o termo informacional indica o atributo de uma forma específica de organização social na qual a geração, o processamento e a transmissão de informação se convertem nas fontes fundamentais da produtividade e do poder por conta das novas condições tecnológicas surgidas neste período histórico.

Muitos outros autores têm buscado compreender a sociedade, os impactos tecnológicos e suas transformações. Esses diálogos ajudam a entender as novas releituras desses espaços e de que maneira o design é influenciado por essas ondas e movimentos. Certamente, uma discussão que se conecta com o que apresentamos aqui, sobre o design conceitual e a contemporaneidade, está na obra *A estetização do mundo: viver na era do capitalismo artista*, de Gilles Lipovetsky e Jean Serroy (2015), que abordam com densidade inúmeras temáticas que vão desde diálogos sobre a arte, o capitalismo artista ou transestético, contemplando outros debates que se intensificaram na segunda metade do século XX.

O mercado tem demonstrado que, além de adquirir produtos, os consumidores desejam ter experiências e sensações proporcionadas por aquilo que compram. É preciso que aquela criação seja capaz de transformar de modo singular o objeto em algo que transcenda o real. O simbólico tem uma maior importância nesse contexto e, claro, profissionais precisam ser perspicazes para proporcionar o encantamento das marcas.

Nomeamos esta seção "O design(er) conceitual na contemporaneidade", mas, na verdade, os autores chamam esse momento de **hipermodernidade**. O foco dos estudiosos é investigar como essas mudanças estão acontecendo com base em um processo que explora produtos estéticos e sua relação com os consumidores. Fazemos conexões com o papel do designer, já que ele é um dos impulsionadores de criação e do processo de descoberta dessas invenções.

O **capitalismo artista** é entendido como um ambiente em que os valores estéticos e emocionais estão atrelados ao próprio design e, como se sabe, existem estratégias para tornar a experiência de consumo mais prazerosa. Na leitura dos autores, esse capitalismo artista transformou o design em um elemento da sociedade e da economia de sedução.

Muitos aprofundamentos desse assunto possibilitaram a expansão do trabalho artístico, que perpassam diversas fronteiras entre o design e a arte, a moda e a publicidade. Essas transversalidades mostram que o design está presente em diversos espaços, caminhando rumo a um design multidimensional, emocional e conceitual.

Os autores evidenciam a existência de uma sociedade hipermoderna, permeada pela arte e pela estética, e que sofre influência da contemporaneidade.

Esses reflexos se desdobram em vários setores criativos, como o próprio design, e o consumidor – apresentado nesta obra como usuário – não é um ser deslocado, mas agente de grande relevo em todo o processo.

A vasta história do design mostra que o caminho percorrido o levou a múltiplas possibilidades de compreensões, suscitando a formação de um novo conceito: o **novo design**. Na tese de Moura (2019), são mencionados diversos autores que conceituam o novo design, além de mostrar um quadro esquemático com características do conceito.

Em suma, o novo design diferencia-se por inserir o objeto lúdico, contestador e irônico; tem a intenção de testar e esticar o design, isto é, ultrapassar os limites da área; explorar as qualidades semióticas, subjetivas, culturais e comportamentais dos objetos, o que também acarreta em sensações, desejos e experiências para os usuários, além de ser marcado pela contestação e pela reflexão sobre o sentido do design e do futuro (Moura, 2019).

No estudo, a pesquisadora cita o design conceitual que, segundo o levantamento realizado por ela, surge com os grupos Archizoom e Superstudio. Resumidamente, o Archizoom foi um grupo composto por arquitetos e designers que "desafiaram os preceitos pré-determinados do design e se estabeleceram num contexto de intenso debate político estudantil" (Moura, 2019, p. 45). Os integrantes do grupo eram influenciados por visões utópicas do grupo inglês Archigram, que durou de 1961 a 1974.

Já o grupo Superstudio se destacou nos anos 1960 e seus integrantes utilizavam como linguagens a colagem, a fotomontagem e outras técnicas, criando novos espaços e formas de representação. Segundo Moura (2019), foi com esses dois grupos que se constituiu no Brasil o design conceitual. A autora salienta que ambos os grupos buscavam trabalhar uma nova perspectiva do design, para além da industrial. Nesse tipo de modalidade, o design apresenta o homem como protagonista.

Como se percebe, os designers contemporâneos se preocuparam mais com as questões "emocionais" e conceituais de um objeto do que propriamente com a tecnicidade de produção e formatos de tecnologia.

Esse é o tipo de design que rompe as antigas fronteiras, apresentando sobreposições e transversalidades. De acordo com Lipovetsky e Serroy (2015), o design passou a se confundir e a se misturar com os campos da escultura, da moda, da decoração e do luxo. Isso mostra que a área, na verdade, dialoga com todas as outras, e que os objetos dispõem de várias funcionalidades.

Finalizando esta seção, expomos outra perspectiva, dessa vez sobre o coletivo holandês **Droog Design**. Brandão, Dolabella e Dornas (2018) fazem uma análise sobre o grupo e seus principais trabalhos. O grupo investiu em um tipo de design que ganhou uma liberdade criativa, explorando novas linguagens.

Segundo os autores, o Droog Design permitiu que "formas (afetivas/memória) fossem mantidas, e que objetos fossem (re) criados e produzidos sem quaisquer restrições impostas pelo mercado ou pela produção, com plena liberdade de escolha dos materiais, das técnicas e dos conceitos formais" (Brandão; Dolabella; Dornas, 2017). Os pesquisadores apontam também que o grupo contribuiu significativamente para a liberdade de expressão.

Neste momento, é importante destacarmos a **comunicação digital** e outros assuntos que se aproximam da temática. O predomínio da tecnologia é inevitável para o futuro do mundo corporativo. Basta lembrar o poder e a dimensão dos avanços tecnológicos e da infinidade de possibilidades abertas com esses recursos. A tecnologia possibilitou que as *startups* (empresas pequenas, mas com grandes ambições e crescimento no mercado) alçassem voos que antes eram impossíveis para um negócio feito por três ou quatro pessoas.

No próximo capítulo, passaremos a versar sobre o papel do designer na criação de soluções elegantes e práticas para os problemas existentes em empresas. Qual é a relação do design com as tecnologias, as novas mídias e tudo o que está ligado a esse campo cibernético? Como as redes sociais se aproximam da realidade do design? Essas são algumas das perguntas que intentaremos responder e aprofundar no próximo capítulo.

O designer está presente em todo o mercado e um dos exemplos presentes é a criação, a modelação e o aperfeiçoamento de *smartphones*, seja no *software* ou no *hardware*. A seguir, pormenorizaremos os detalhes e as nuances desse processo do design com a tecnologia e as novas mídias.

87%

CHARGING

CAPÍTULO 3

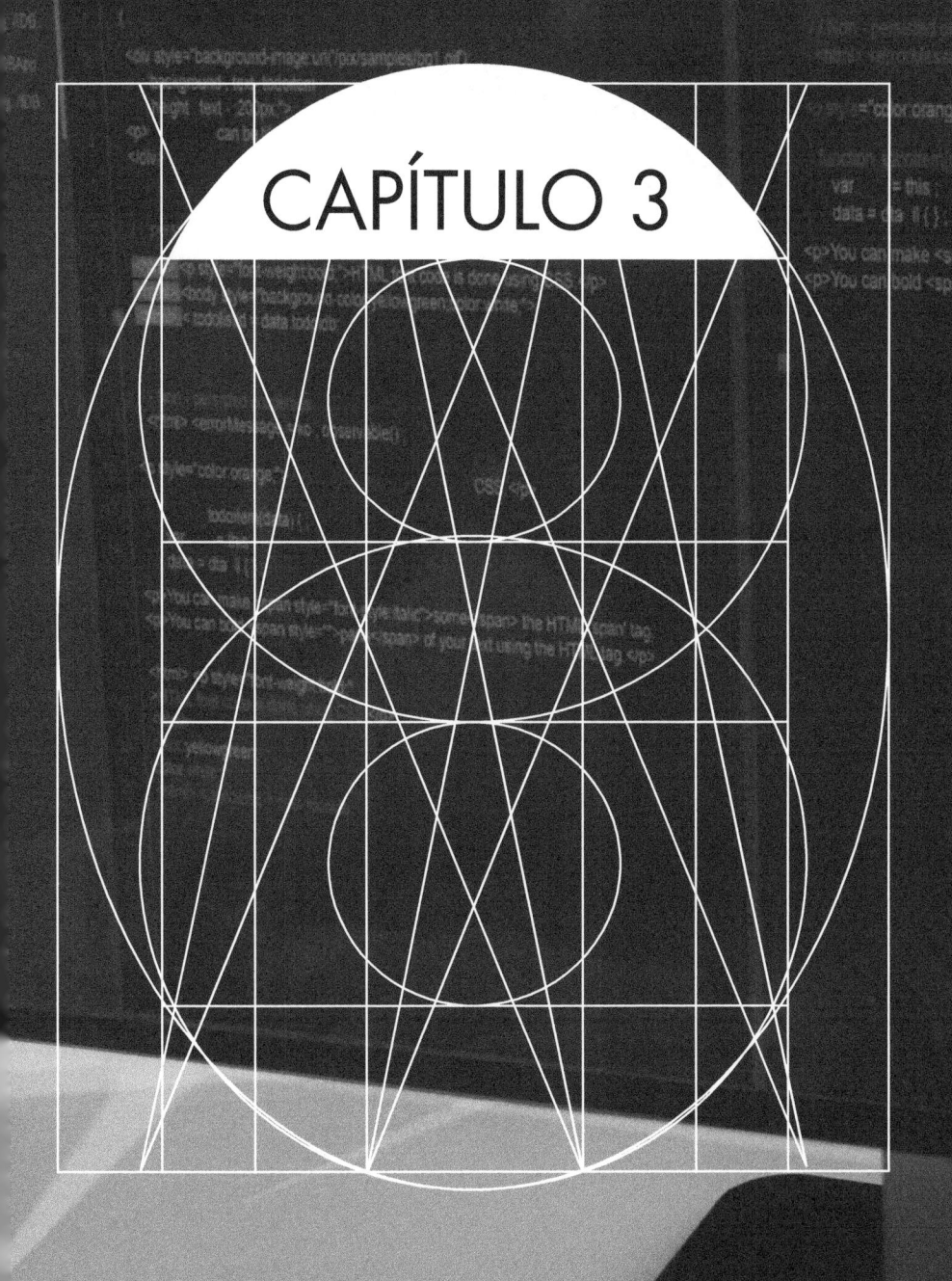

DESIGN, MÍDIAS E TECNÓLOGIA

3.1 Conexão pela internet e o poder das redes sociais

A tecnologia já se tornou parte da vida humana. Ela está presente nos meios de comunicação, nas formas de trabalho, de interação nos espaços virtuais, como é o caso das redes sociais. Certamente, o design é mais uma área de conhecimento que se utiliza das características da tecnologia. Nesse cenário, o design acaba desempenhando uma função interessante: tornar as redes sociais um espaço mais interativo e de fácil acesso e visualização. Você já pensou de que modo essas três áreas podem estar interligadas?

Nos tempos atuais, é inquestionável o poder de mobilização das redes sociais, tanto no mundo virtual quanto no real. Esses espaços começaram a surgir por volta dos anos 2000 e, até hoje, têm transformado rotina, vida e práticas de instituições, de marcas e de pessoas em geral.

De acordo com Recuero (2009, p. 24), a rede social é:

> um conjunto de dois elementos: atores (pessoas, instituições ou grupos; os nós da rede) e suas conexões (interações ou laços sociais) (Wasserman e Faust, 1994; Degenne e Forse, 1999). Uma rede, assim, é uma metáfora para observar os padrões de conexão de um grupo social, a partir das conexões estabelecidas entre os diversos atores. A abordagem de rede tem, assim, seu foco na estrutura social, onde não é possível isolar os atores sociais e nem suas conexões.

As redes sociais podem ser constituídas, por exemplo, desde um perfil no Facebook, um *blog* ou alguma outra rede. As conexões, por sua vez, são os elementos que compõem a estrutura das redes sociais.

Essas conexões, com a mediação da internet, podem ser de tipos variados, construídas pelos atores pela interação, mas mantidas pelos sistemas *on-line* (Recuero, 2009).

No Brasil, um dos exemplos em que as redes sociais tiveram uma profunda relevância foi nos protestos de junho de 2013, em que milhares de pessoas foram para expor diferentes reivindicações. Isso aconteceu após a organização de grupos em redes sociais, principalmente no Facebook e no Twitter, que articulavam protestos e encontros presenciais, de modo que os participantes ocupassem as ruas.

Viver na era da revolução digital apresenta diferentes facilidades, como usufruir de espaços como as redes sociais, em que se pode manifestar opiniões, debater ideias e intervir no espaço público.

Segundo Castells (2013), passa-se a fomentar a capacidade de auto-organização de forma espontânea pelos indivíduos: "O que muda atualmente é que os cidadãos têm um instrumento próprio de informação, auto-organização e automobilização que não existia".

No entanto, é preciso atentar para o fato de que, diante dessa "liberdade" de usar a internet e as redes sociais, as pessoas podem cair em armadilhas por acharem que esse ambiente virtual é um tipo de "terra sem lei".

A propósito, alguns projetos – que posteriormente se transformaram em leis – surgiram com vistas a garantir a segurança daqueles que estão nas redes.

Em 2012, aconteceu a sanção da Lei n. 12.737, de 30 de novembro, nomeada *Lei Carolina Dieckmann*, porque ganhou repercussão após algumas fotos pessoais da atriz brasileira terem sido divulgadas na internet sem sua autorização. Esse instrumento dispõe sobre a tipificação criminal de delitos informáticos. Em 2014, foi sancionada a Lei n. 12.965, de 23 de abril, conhecida por *Lei do Marco Civil da Internet* (Brasil, 2014). Ela tem o objetivo de garantir a privacidade e a proteção dos dados dos usuários, o que pode ser considerado um significativo avanço nesse debate.

Posteriormente, em 14 de agosto de 2018, foi sancionada a Lei n. 13.709, conhecida como *Lei Geral de Proteção de Dados* (LGPD), que tem por finalidade proteger os dados pessoais de usuários, sejam eles pessoas físicas, identificadas ou identificáveis (Brasil, 2018).

Essas práticas exemplificam que a ascensão das novas tecnologias e que a democratização das mídias pode acontecer com a finalidade de condutas lícitas ou ilícitas.

Diversas outras medidas foram e estão sendo tomadas com o intuito de resguardar a vida, os direitos, a privacidade e a identidade dos usuários das redes.

A ascensão das redes sociais também exigiu que veículos tradicionais, como a televisão, se readequassem para a cobertura de eventos. Pereira (2013) descreve que essa readequação por parte da mídia televisiva apresentou dificuldades, como manifestantes que rejeitaram a presença dessas mídias, agressões a jornalistas, carros e equipamentos de reportagem.

A questão é que, na cobertura e divulgação dos protestos de 2013, por exemplo, as redes sociais foram prevalentes, deixando a mídia tradicional em um segundo plano, reduzindo até mesmo a confiança que o público dedica a ela. Pereira (2013) busca responder a algumas perguntas como: A que se deve a força adquirida pelas redes sociais, que se tornaram um *show* de vitrine dos protestos? E por que a mídia tradicional, principalmente a televisão, passou a ser ignorada?

Sobre a potência das redes sociais, Santaella (2013) expõe uma reflexão interessante: saber o que fazemos com as redes sociais digitais não é tão importante quanto saber o que as redes estão fazendo conosco.

Em sua pesquisa, Pereira (2013) avalia essa mudança no polo comunicacional de meios tradicionais, como a televisão, que passou a se adequar à força das redes sociais.

Ainda, as redes sociais promovem interação e criação dos famosos memes. Esses ambientes cibernéticos geram situações de espontaneidade e fatos do cotidiano que se disseminam, viram memes no Twitter e ganham dimensão, por vezes, internacional.

Geralmente caracterizados como conteúdos de humor, os memes podem surgir de diversas situações e com qualquer pessoa, desde um usuário desconhecido na internet até músicos, celebridades ou políticos. Os repórteres também não estão livres dessas situações inusitadas, que podem se disseminar em outras plataformas, como o aplicativo WhatsApp e a televisão.

Pereira e Guimarães (2016) buscaram entender essa relação dos memes com o telejornalismo qualificando-o como uma ferramenta de interação. O meme em questão foi o vídeo "Senhora? Senhora?", em que uma mulher está sendo entrevistada e antes de a entrevista acabar ela começa a correr, obrigando a repórter a correr atrás dela, durante uma reportagem da TV Anhaguera.

Já outra pesquisa da Reuters Institute for The Study of Journalism, divulgada em 2015 (Newman; Levy; Nielsen, 2015), observou o comportamento de consumidores de notícias de 12 países, entre eles o Brasil, que se destacou por ser o país que mais consome notícias por redes sociais (70%), que mais compartilha notícias por redes sociais e *e-mails* (47%), que mais comenta notícias pelas redes sociais (44%) e que mais consome notícias *on-line* (72%).

O Twitter, por exemplo, é considerado uma fonte primária do jornalismo, já que muitas pautas levadas para outros veículos surgem nessa rede social. Embora seu foco não seja o jornalismo, as redes sociais estão atreladas ao papel do profissional do jornalista, que não pode se ausentar desse debate.

O fato é que as redes sociais são utilizadas em diferentes perspectivas, seja como ferramenta de trabalho – o que é o caso do jornalismo –, seja para entretenimento. E isso faz parte de duas características importantes que as redes sociais têm: alto grau de personalização e possibilidade de segmentação.

Na área do design, as redes sociais têm a responsabilidade de garantir têm de funcionar de forma interativa, estimulando a permanência do usuário na rede. É por isso que algumas pesquisas, como a de Santos (2013), investigam a importância do design como ferramenta para construção e otimização das redes sociais *on-line*.

Nos capítulos precedentes, tratamos do design de interação e da usabilidade. Com base na noção de que o design de interação centra-se no usuário e no desenvolvimento do produto, compreende-se por que os designers têm como alvo produtos criativos e interativos. São eles os responsáveis pela fácil aprendizagem e usabilidade, proporcionando uma boa experiência ao usuário.

Assim como aconteceu com as redes sociais digitais, o design sofreu e ainda sofre transformações, sendo necessário entender quais são as novas necessidades e exigências dos usuários.

Uma dessas grandes mudanças no mundo tecnológico foi o fator **mobilidade**, em que os aparelhos passaram a ter dimensões e formatos diferentes, além de proporcionar novas formas de uso e o compartilhamento em rede (declínio dos documentos individuais).

Nesse contexto de mudanças, Santos (2013) também apresenta autores que já discutem novos conceitos na área do design e que buscam acompanhar as tendências e as necessidades, de modo que o design não se torne obsoleto e ineficiente. O conceito é chamado de *societal interfaces* (ou interfaces sociais), que pode ser entendido da seguinte forma:

> Uma interface social é um ponto crítico de interseção entre modos de vida diferentes, campos sociais ou níveis de organização social, onde descontinuidades sociais baseadas em diferenças de valores, interesse, conceitos e poder, são mais susceptíveis de serem localizadas. (Long, citado por Santos, 2013, p. 157)

Com base nesse conceito, as redes sociais podem ser interpretadas como interfaces sociais, já que a ideia é que o design tenha uma proposta de construção de interface mais humanizada. Ao utilizar as redes sociais, os usuários passam a ter, cada vez mais, contato com outros usuários em rede, extrapolando, então, a relação com o dispositivo que intermedeia essa comunicação.

A todo instante, são feitas atualizações nas plataformas digitais; um exemplo é a extinção de certas funções, como foi o fim da contagem de curtidas do Instagram, em 2019. Ainda é possível visualizá-las no *desktop*; no entanto, elas já não aparecem nos dispositivos móveis. Contextualizando, esse decisão foi tomada porque, em 2017, uma pesquisa internacional apontou que as redes sociais são mais viciantes do que o álcool e o cigarro e que muitas pessoas estavam condicionando sua vida ao número de curtidas recebidas nesses ambientes virtuais.

Reconhecendo as inúmeras possibilidades de atualizações, não é possível prever como será o futuro das redes sociais e de que modo os profissionais atuarão nessa área. O que se pode afirmar, diante do crescimento de usabilidade, é que os usuários permanecem na centralidade de uso e de desenvolvimento dessas ferramentas e que, certamente, o papel do design será imprescindível nessa interação entre as ferramentas digitais e os usuários.

Além de pensar na experiência do usuário, o designer para as redes sociais também deve estar atento à criação de artes e conteúdo para as mídias sociais (mesmo que existam funções específicas, como a de *social media*, profissional que se dedica à produção de conteúdo). Afinal, as técnicas do design podem ser colocadas em prática para facilitar o crescimento de um negócio.

Os usuários de redes sociais tendem a prestar mais atenção em publicações visuais e, consequentemente, isso se converte em um maior engajamento. Isso significa que um bom designer é capaz de estimular interações e atrair mais usuários para a página gerenciada.

Existe, ainda, a figura do *social media designer*, profissional que trabalha com comunicação visual e que pode prover serviços para as empresas no mundo *on-line*. Ele pode aplicar seus conceitos e técnicas aprendidas na profissão e também em redes sociais.

Ao abordarmos essa associação do design com as redes sociais, fica a questão: De que modo isso se relaciona com a convergência tecnológica Na próxima seção, propomos responder a essa pergunta.

3.2 Tendências: convergência, tecnologia e design

Empresas estão constantemente trocando informações com diferentes setores e com outras organizações. Nos dias atuais, isso é possível graças à convergência tecnológica, a qual favorece diversos setores, inclusive o de empreendedorismo.

Um dos sistemas que muitas empresas começaram a adotar, especialmente no contexto da pandemia de Covid-19, foi o regime *home office* – apesar de que muitas organizações já trabalham nesse formato há bastante tempo.

De sua residência, o funcionário consegue produzir e enviar materiais, seja por *e-mail*, pelo *drive* ou utilizando o sistema de computação em nuvem. Apesar de ser bastante consensual a ideia de que a convergência digital reúne diferentes serviços em uma mesma estrutura, há autores que discordam desse entendimento, como exporemos a seguir.

Pesquisadores, como Henry Jenkins (1958-), aprofundaram-se nos estudos de meios de comunicação e de suas aproximações com a tecnologia. Por isso, iremos utilizar esse e outros autores como norte para a compreensão desse conceito que também tem reflexos no mundo do design.

Em sua obra, Jenkins (2009) busca relacionar os conceitos de convergência dos meios de comunicação, cultura participativa e inteligência coletiva. Para ele, as mídias tradicionais e as novas mídias digitais colidem, mudando os papéis mutuamente.

> Por convergência, refiro-me ao fluxo de conteúdos através de múltiplas plataformas de mídia, à cooperação entre múltiplos mercados midiáticos e ao comportamento migratório dos públicos dos meios de comunicação, que vão a quase qualquer parte em busca das experiências de entretenimento que desejam. Convergência é uma palavra que consegue definir transformações tecnológicas, mercadológicas, culturais e sociais, dependendo de quem está falando e do que imaginam estar falando. (Jenkins, 2009, p. 29)

Jenkins (2009) desconstrói essa compreensão de que a convergência é um processo tecnológico que une múltiplas funções em um único aparelho. Além de reconhecer que a circulação de conteúdos depende da participação dos usuários e/ou consumidores, ele explica que a convergência, implica, na verdade, uma **transformação cultural**.

A **cultura participativa**, por exemplo, corresponde a um conjunto de participantes que estão interagindo de acordo com regras estabelecidas. São esses processos de convergência que ocorrem individualmente e nas interações sociais com os outros.

É importante frisar que essa convergência acontece em duas direções: de cima para baixo e de baixo para cima. Mas, o que isso quer dizer?

Na prática, as empresas elaboram conteúdos que são distribuídos em diferentes plataformas, influenciando pessoas e os usuários que sugerem conteúdos que devem ser elaborados pelas próprias empresas, assim como também criam *fanfics* e outros tipos de interações.

Essa convergência comprova que as corporações e os públicos estão conectados – para o bem ou para o mal –, exigindo essa evolução nos modelos de produção de conteúdo e de negócios.

Essa ideia de Jenkins (2009) é bastante lúcida. Empresas que oferecem serviços de *streaming* lançam filmes, minisséries e documentários que, após o público consumir, geram uma repercussão e lucros para diferentes empresas. O público, por sua vez, emite comentários que podem induzir as empresas a produzirem novas temporadas, se posicionarem sobre a demanda, sempre havendo a possibilidade de acontecerem outros desdobramentos.

A **inteligência coletiva**, citada por Jenkins (2009), é discutida mais profundamente na obra homônima de Lévy. Conforme esse autor, a inteligência coletiva é "uma inteligência distribuída por toda parte, incessantemente valorizada, coordenada em tempo real, que resulta em uma mobilização efetiva das competências" (Lévy, 2003, p. 28).

A inteligência coletiva é aquela que se distribui entre todos os indivíduos, que não está restrita a pessoas privilegiadas. Isso equivale a dizer que o saber está na humanidade e todos os indivíduos podem oferecer algum conhecimento. Um exemplo desse saber compartilhado é a Wikipedia, plataforma em que os usuários podem adicionar informação sobre qualquer tema.

Por essa razão, o autor afirma que a inteligência coletiva deve ser incessantemente valorizada. Deve-se procurar encontrar o contexto em que o saber do indivíduo pode ser considerado valioso e importante para o desenvolvimento do grupo.

Esse elo entre tecnologia e relações humanas remete ao conceito de **aldeia global**, introduzido nas teorias da comunicação por Marshall McLuhan (1911-1980). Na era digital, esse conceito se fortaleceu, embora, dada a distância da época em que surgiu – década de 1960 –, tenha mais um caráter profético do que propriamente contemporâneo. McLuhan (1969) afirmava que, com o advento e o desenvolvimento tecnológico dos novos meios de comunicação, o mundo se interligaria completamente, havendo, assim, uma intensa troca cultural entre os diversos povos, aproximando-os como se estivessem em uma grande aldeia, inteiramente conectada.

Ele também acreditava que toda criação do homem que beneficiasse as pessoas seria uma extensão de seus próprios corpos.

Tais transformações também atingiram o campo de trabalho dos designers gráficos, que tiveram que aprender a lidar com o advento computacional, da internet e com a convergência das mídias digitais. Cândido (2012) investiga como a revolução eletrônica digital impactou no desenvolvimento de projetos do design.

Com relação ao processo de convergência de mídias publicitárias, Cândido (2012) concluiu, por meio de uma pesquisa com pessoas que trabalham com criação publicitária, que os consumidores de mídias convergentes ainda têm dificuldades no que diz respeito à utilização de todo o potencial que uma tecnologia proporciona hoje.

O autor acredita que esse é um dos desafios do designer gráfico na contemporaneidade: desenvolver uma linguagem que atenda à tecnologia dessas mídias "sem perder o senso estético e a responsabilidade sobre a usabilidade e as características técnicas de cada peça, outrossim, respeitando a identidade visual das campanhas" (Cândido, 2012, p. 83).

O objetivo é que essas experiências sejam expandidas, de maneira que o relacionamento do usuário com a marca possa difundir-se com o uso das mídias *on-line* e *off-line*.

Apesar de esse trabalho ter sido publicado em 2012, a realidade predominante ainda é multicultural e global, persistindo o desafio de produzir conteúdos que sejam adaptados para diferentes públicos. Aliás, o foco também é renovar e pensar em formas de satisfazer as necessidades do cliente/usuário.

É necessário, então, o investimento em ferramentas e em profissionais que executam esse trabalho coletivo. "É nas equipes de jornalistas, de designers, de programadores, de desenvolvedores de aplicativos e das novas funções e cargos que surgem a cada dia para desenvolver e operacionalizar as novas mídias que se deve focar" (Cândido, 2012, p. 87).

Atrelado à convergência, está o *mobile* ou o conjunto de dispositivos móveis, como celulares e *smartphones*. Um estudo realizado por Fonseca (2013) abordou o *mobile learning*, que consiste na aprendizagem mediada por esses tipos de dispositivos.

A tecnologia, a convergência e o *mobile* são temas que adentraram na vida das pessoas e nos modelos de negócios.

Fonseca (2013) admite que, em virtude da ascensão do tema, tornou-se comum debater sobre o uso das Tecnologias da Informação e da Comunicação (TICs) em diversas áreas, inclusive, na educação. Os dispositivos comunicacionais têm diversas características que os destacam nesse diálogo: convergentes, portáteis e multimídias.

Em uma palestra, o especialista em gestão de design, Rodrigo Lemes, abordou a relevância de se conversar sobre a relação entre tecnologia e design, ou seja, entre profissionais da programação e o desenvolvimento de sistemas com designers.

De acordo com esse pesquisador, o desafio de equipes que trabalham com a criação é a entrega de, no mínimo, 1% que realmente faça a diferença em um projeto, em um produto ou em uma empresa.

Nas áreas de UX design e de desenvolvimento, quando acontecem falhas na entrega dos produtos, as razões do insucesso na conclusão do trabalho são aquelas elencadas na Figura 3.1, a seguir.

Figura 3.1 – **Falhas em UX e desenvolvimento de tecnologia**

UX
- Implementação ruim de design.
- Corte de funcionalidades.
- Arrumação do design em sessões de revisão com o cliente experiência.
- Perda de valor da experiência.

Desenvolvimento
- Gargalo nas entregas.
- Decisões não implementáveis.
- Falta de documentação.
- Desalinhamento de processos.

Essas falhas e diagnósticos são comuns considerando-se os desafios que os designers enfrentam na área da tecnologia. Por outro lado, os desenvolvedores também questionam sobre a entrega de trabalhos, conforme os problemas apontados na Figura 3.1.

Os apontamentos expostos são dificuldades relatadas por profissionais das áreas, mas, do ponto de vista prático, ambas são necessárias e essenciais ao trabalho criativo, de modo que as alinhar é o caminho para se alcançar o objetivo final: satisfazer o cliente, efetuar, expandir a venda do serviço e gerar resultados.

Muito se fala da interseção dos serviços, que é justamente essa união e alinhamento entre eles. É papel dos designers contemplar tarefas na área de conhecimento do usuário, fazendo um levantamento básico de quem é o público-alvo, seus gostos e costumes. Além disso, a arquitetura da informação, a identidade visual e outros temas abordados anteriormente são elementos que não podem ser esquecidos durante a aplicabilidade do serviço.

Conclui-se que a relação entre a tecnologia, o processo de convergência e o design está mudando e adaptando a realidade. Esses caminhos permitem que o designer tenha uma maior liberdade e seja capaz de projetar, ao lado de outros profissionais, tecnologias e produtos criativos para os usuários. Muitos podem ser os benefícios desde o aumento de segurança no tratamento dos dados pessoais, já que os dispositivos estão sendo aprimorados; os trabalhos remotos, citados no início desta seção, que se tornaram possíveis com o avanço da tecnologia; entre outras possibilidades.

3.3 Novas mídias: o que todo designer precisa saber

Nesta seção, elencaremos informações que julgamos importantes para discorrermos sobre o mundo das novas mídias na atualidade. Isso porque tais discussões sofrem atualizações constantemente; logo, é preciso que o designer saiba que sua capacitação também deve passar por uma reciclagem, após as novidades surgidas na área. Uma das bases teóricas que adotaremos para a discussão deste tópico é a obra de Martino, *Teoria das mídias digitais: linguagens, ambientes, redes* (2014).

De início, o autor explica que a obra não é sobre tecnologia, mas sobre as relações entre seres humanos conectados por mídias digitais, "E também a maneira como o ser humano entende a si mesmo, seus relacionamentos, problemas e limitações" (Martino, 2014, p. 9). Ele é enfático ao declarar que a ideia é apresentar questões com base nos pontos de vista de diferentes autores. Henry Jenkins e Pierre Lévy são dois autores dos apresentados na obra, pela perspectiva da cultura da convergência e inteligência coletiva, cujos conceitos exploramos há algumas páginas.

Além desses dois conceitos, outros termos se destacam na área. Um exemplo é o prefixo *cyber*, bastante utilizado em diversas palavras, o que, de certa forma, o torna popular. Palavras como *ciberespaço, ciborgue, cibercafé* e *cibercultura* foram incorporadas ao vocabulário de muitas pessoas.

Na obra de Martino, o conceito de cyber é atribuído a Norbert Wiener: "A cibernética procura compreender como a informação pode ser usada para entender e prever os acontecimentos dentro de um sistema. Em termos bastante gerais, um sistema pode ser definido como um conjunto delimitado de elementos em interação" (Martino, 2014, p. 21).

No campo das mídias digitais, outro conceito importante para se compreender essa vasta área comunicacional é a noção de **informação** – a qual envolve qualquer dado novo que aparece em um sistema, por mais simples ou pequeno que seja. Para ilustrar, o autor aponta casos do cotidiano, como a ação de comer, que aciona várias informações, como a textura da comida, a temperatura e o sabor, por exemplo.

Universos e redes virtuais são criados o tempo todo e – embora seja uma opção do autor não especificar o nome de nenhuma rede social, visando não temporalizar e limitar os escritos – é fácil transpor os modelos descritos ao que se observa na virtualidade atual. A *inteligência coletiva* e a *tecnologia* já são nomenclaturas amplamente empregadas; em nossa exposição, falta tratarmos de outro importante conceito, definido por Lévy: ***cibercultura***. O termo se refere à soma de relações sociais e de diversos grupos de seres humanos que se articulam em redes interconectadas de computadores, também conhecidas como *ciberespaço*.

A cibercultura se enquadra no fluxo contínuo de ideias, discussões e práticas em que as pessoas estão conectadas por um computador. O que Lévy definiu nada mais é do que a realidade contemporânea.

> Dessa maneira, a cibercultura não é um marco zero na cultura da humanidade, mas traz uma série de particularidades por acontecerem em um espaço conectado por computadores. Em outras palavras, é a cultura – entendida em um sentido bastante

amplo como a produção humana, seja material, simbólica, intelectual – que acontece no ciberespaço. (Martino, 2014, p. 27)

O ciberespaço é outra noção definida por Lévy e apresentada na obra de Martino (2014). Esse conceito corresponde à interconexão digital entre os computadores que estão ligados em rede. O ciberespaço é definido por sua arquitetura aberta, ou seja, por uma capacidade de aumentar, além de diversas componentes dessa estrutura:

- memórias com informações e programas a serem compartilhados pelas pessoas conectadas;
- programas, instruções a respeito do que deve ser feito pelo computador;
- interfaces, que permitem interação e acesso aos dados do ciberespaço; para "estar lá" sem ser um programa é preciso ver na tela os dados dos computadores;
- codificação digital, isto é, transformação de todos esses elementos em fórmulas matemáticas que permitem sua manipulação por computadores e seu armazenamento em memórias.

Avançando, é pertinente que o profissional designer tenha noções sobre a interface, mesmo parecendo ser algo totalmente incorporado a seu dia a dia. É que esse termo surgiu no campo da informática, gerando uma importância para as áreas de computação gráfica, multimídia, realidade virtual e outras.

Em sua obra *Do material ao digital*, Bonsiepe (2015) apresenta a interface, revelando o potencial instrumental tanto de artefatos materiais quanto de artefatos comunicativos.

Nesse contexto do digital, também resgatamos a conceituação das tecnologias de comunicação. A compreensão é que essas tecnologias são um conjunto de ferramentas e métodos usados para criação, edição, transmissão e outras tarefas de informações em formato digital, como imagens, vídeos, som e texto. No caso da digitalização, pode-se entender que é o processo fundamental para criar conteúdo digital na forma de imagens estáticas, imagens animadas, vídeos, imagens em 2D e 3D.

As Novas Tecnologias de Informação e Comunicação (NTIC) surgiram na década de 1970, mas foram impulsionadas nos anos 1990, quando o desenvolvimento de dispositivos gráficos mais baratos, sobretudo o *hardware* para microcomputadores criou um novo mercado de *software* e estimulou as aplicações da computação gráfica e de multimídia.

A evolução dessas tecnologias garantiu a colaboração e o avanço entre pessoas e empresas, a exemplo das universidades que, hoje, conseguem utilizar de maneira mais rápida e eficiente as próprias tecnologias para pesquisa.

Essa apresentação das nomenclaturas faz parte de um vocabulário existente nos ramos da comunicação e tecnologia, mas que perpassa a área do design.

Dando sequência a nossa explanação, consideremos agora as redes sociais, sabendo-se que essas mídias também devem ser de conhecimento do profissional do design. Essas redes consistem em ferramentas que potencializam o trabalho do designer e fazem parte das atividades profissionais, ajudando na montagem do portfólio. Listamos a seguir algumas delas:

- **Behance**: Plataforma já mencionada nesta obra, é responsável pela exposição de portfólios, nos quais o designer pode expor seu trabalho. Além de expor seu material de forma organizada e agradável, é possível descobrir outros profissionais da mesma área ou de áreas correlatas Explorar essas "galerias" pode ser uma boa oportunidade para divulgar seu trabalho e conhecer novos profissionais.
- **Pinterest**: É uma rede social já utilizada por muitas pessoas. Nela, é possível descobrir, explorar e organizar uma infinidade de referências. Uma das vantagens que oferece é criar uma espécie de painel e organizá-lo como preferir. Os designers podem utilizar a rede social justamente para criar esses painéis e utilizá-los como inspiração para projetos.
- **DeviantArt**: Trata-se de uma rede social já bastante difundida entre ilustradores. Os designers interessados em ilustração ou que trabalham com isso podem usar a plataforma como vitrine e apresentar seu trabalho, inclusive com possibilidade de realizar vendas e fechar negócios.
- **ArtStation**: Dedicada ao mundo dos jogos e das ilustrações digitais, essa rede social é considerada uma das mais relevantes na comunidade artística.
- **GitHub**: Plataforma, ou repositório, voltada para quem trabalha com código. É possível disponibilizar códigos que dão acesso ao que foi postado. Apesar de ser voltado para designers e programadores que trabalham com criatividade, qualquer usuário pode usar a plataforma.
- **Dribbble**: É uma das redes sociais dedicadas aos designers. Nela, todos os profissionais que estão ligados às áreas

criativas podem construir seu *networking*. É excelente para os desenvolvedores de interfaces, *layouts* de *sites*, aplicativos e outros projetos. Para participar, o usuário precisa receber um convite.

- **Are.na**: Rede social aberta a designers, pessoas criativas em geral, como artistas e ilustradores. Com uma proposta *clean*, essa rede social permite que seus usuários publiquem ideias que estão em fase de teste ou implantação, possibilitando troca e colaboração criativa entre os usuários.

Essas são só algumas opções de redes sociais, mas ainda há outras popularmente conhecidas, como o Facebook, o Instagram e o Tumblr. Os designers utilizam também *sites* que oferecem recursos e fontes de inspiração. Elencamos, a seguir, alguns deles:

- **Freepik.com**: Banco de imagens gratuito na internet e que abarca uma variedade de imagens, vetores e vídeos. É bastante utilizado por estudantes de design, mas é útil também para profissionais formados. Vale a pena acessar e explorar todos os benefícios da plataforma.
- **Dafont.com/pt**: Esse *site* é um dos "queridinhos" do mundo do design. Nele, o usuário pode pesquisar fontes, descobrir tipos, formatos, conforme aquilo que está buscando. Um detalhe importante é que nem todas as fontes são gratuitas; por isso, é necessário conferir os termos de uso antes do *download*.
- **Pexels.com/pt-br/**: *Site* que permite criar logos, e fazer a identidade visual de um projeto. A recomendação é, antes de explorar toda a funcionalidade do *site*, dedicar alguns minutos para a leitura do conteúdo da aba Licenças. Utilizar

as imagens e qualquer material, respeitando os termos e condições, é a forma mais segura de o designer realizar seu trabalho.
- **Canva**: É um *site* gratuito *on-line* em que o usuário pode criar uma série de trabalhos, como *banners*, panfletos, cartão de visita, *posts* para redes sociais e diversas outras opções. Para o uso de materiais nas redes sociais, o usuário já encontra medidas predefinidas. É uma opção de ferramenta para quem não sabe usar muito bem o Photoshop, da Adobe.
- **Online Image Editor**: *Site* que permite editar imagens *on-line* e gratuitamente. Nele, é possível editar elementos de fotos, como cor, luz, recorte, tamanho. É uma ferramenta gratuita e a imagem final não fica com marca d'água.

3.4 Caminhos de aprendizado para o webdesign

Ofertam-se inúmeros cursos de webdesigner que propõem um aprendizado rápido dos conteúdos. A questão é que, para além de se ter um título de formação, para atuar como webdesigner é preciso ter noções mais aprofundadas e amplas, a começar pelo HTML (HyperText Markup Language, ou Linguagem de Marcação de HiperTexto). Todo documento HTML precisa conter certas *tags* padronizadas, no mínimo `<HEAD>`, `</HEAD>`, `<BODY>`, e `</BODY>`, pois elas constituem as duas partes básicas de um documento HTML que são: o HEAD (cabeçalho) e o BODY (corpo do documento).

Aspectos fundamentais de como estudar a formatação de textos, *links*, listas, cores, tipologia e muitos outros tópicos também fazem parte da formação do profissional que almeja se tornar um webdesigner.

Já mencionamos que começar estudando HTML é uma das alternativas para ingressar na área do webdesign. Acrescentamos o CSS (Cascading Style Sheets, ou Folhas em estilo cascata) e o JavaScript, outras linguagens básicas que formam a estrutura de um *site*. Além disso, esses três tipos de linguagens podem ser utilizados para a criação de aplicativos profissionais.

Enquanto o HTML é o "corpo" e estrutura básica de um *site*, o CSS é o estilo ou as características daquela página. Já o JavaScript é comparado ao "cérebro", por desempenhar a função lógica da página. Esses conteúdos de estudos devem estar alinhados com as habilidades do profissional, e estas precisam ser desenvolvidas cotidianamente. O profissional precisa identificar em que é (ou se considera) bom e investir nisso. Se tem preferência pela área de design gráfico, é necessário o investimento em estruturas de diagramação, teoria de cores, tipografia e outros temas. Estudar as ferramentas para a criação de *sites* e como projetá-los é um dos pré-requisitos para quem deseja trilhar os caminhos do webdesign.

Tais profissionais são responsáveis pela criação de ferramentas e das mídias comumente empregadas na internet. Isso, por si só, já indica a dimensão desse profissional e sua importância na contemporaneidade. Segundo a Associação dos Designers Gráficos (ADG), 45% dos profissionais de webdesign trabalham de forma autônoma ou em *home office*, o que oferece uma grande flexibilidade, pois pode-se trabalhar em qualquer lugar do mundo, desde que se tenha acesso à internet e à energia elétrica.

No campo acadêmico, Pimenta (1999) investigou o impacto da informatização nos jornais impressos. Sua coleta de dados envolveu o jornal Folha de S.Paulo, pioneiro no país nesse processo de modernização. Com isso, foram analisadas as áreas de estudos de diagramação, reportagem e edição em três fases distintas de seu desenvolvimento tecnológico, associadas a eventos marcantes na esfera jornalística.

Entre os resultados parciais da pesquisa, esteve o gerenciamento de informações. Um ponto que vem sendo salientado em muitas reflexões e atividades refere-se ao entendimento de que o trabalho em hipermídia depende dos esforços de uma equipe multidisciplinar.

Outras investigações vêm se detendo no gerenciamento de informações com veiculações específicas. Em uma dessas áreas, de construção de *homepages* com fins institucionais, concluiu-se que é fundamental uma compreensão mais sofisticada das linguagens não verbais para um aproveitamento otimizado desse novo suporte. De fato, autores como Bob Cotton apostam na ideia de que a hipermídia é um suporte com características de matriz de meios, ou seja, é diferente de todos os demais, exigindo, assim, novas formas de apropriação (Cotton; Oliver, 1997). O desafio é bem maior do que aquele apresentado pelas produções sustentadas na arbitrariedade da linguagem verbal.

A crescente autonomia dos processos externos à mente humana diante de suas representações sígnicas, na área de gerenciamento de informações, e a ampliação da capacidade de percepção icônica, no caso da apresentação gráfica, conduzem as investigações em hipermídia a três áreas principais: (1) estímulo às produções interdisciplinares; (2) aprofundamento dos estudos técnicos; e (3) ênfase na área de webdesign.

Apesar de reconhecermos a dificuldade de apresentar um conceito universal, Zeldman (2007, tradução nossa) assim definiu webdesign: "é a criação de ambientes digitais que facilitam e incentivam a atividade humana, reflete ou adapta-se a vontades individuais e conteúdos e muda graciosamente ao longo do tempo enquanto mantém sua identidade".

A proposta de se construir um *site* com um conteúdo relevante é um dos fios condutores para o sucesso da criação do webdesigner. Isso porque é o próprio conteúdo que motiva o usuário a permanecer e consumir mais o material disponibilizado. Sendo assim, há que se apresentar a informação, tendo em vista as necessidades apontadas para determinado público-alvo, de forma clara e objetiva.

Santos (2009), quando intenta caracterizar toda a atividade do webdesigner no contexto da engenharia *web*, afirma que o trabalho consiste na elaboração de páginas na *web* na perspectiva do utilizador, também chamado *usuário*. A autora arrola algumas competências e técnicas necessárias, quais sejam: usabilidade, aparência e visibilidade. Vale destrincharmos cada uma.

Na perspectiva da autora, a **usabilidade** é a facilidade com que as pessoas podem utilizar determinadas ferramentas e executar uma tarefa. A **aparência** é o visual, o aspecto que se mostra superficialmente, e a **visibilidade** é a facilidade com que os utilizadores conseguem localizar uma informação. Ela complementa:

Neste segmento, *Web* **Design** é a capacidade de criar páginas Web, mais especificamente, refere-se aos postos de trabalho centrados na construção do *front-end* e *back-end* de uma página Web e deste modo remete à criatividade ao serviço da programação Web. (Santos, 2009, p. 33)

E qual seria o papel do webdesigner? Tal profissional pode atuar como criador e desenvolvedor de páginas *web*, cujo exemplo foi citado. Depois, o profissional pode ser um auditor, que colabora fazendo o levantamento de *softwares web*. Na parte de consultoria, o webdesigner participa de avaliações de *sites web*. Esses caminhos de aprendizado do profissional apontam para a uma direção que exige a exploração da fase criativa e potencialmente artística de um indivíduo.

O webdesigner tem de elaborar um planejamento, de modo que este seja seu guia antes de projetar um *site*. Como se sabe, existe um trabalho a ser feito antes de se começar a desenhar o produto. Novamente, Santos (2009) indica algumas perguntas que merecem ser respondidas antes da execução do projeto:

- Qual é o propósito da empresa?
- Qual é a intenção do *site*?
- Quais são os objetivos principais?
- Qual é o público-alvo?
- Quais são as principais características do público-alvo?
- Que informações disponibilizar?

Com as respostas a essas perguntas, é possível construir um projeto e tomar algumas decisões para o esboço, determinar itens básicos e que fazem parte do *layout* da página.

É notório que o design guarda relação direta com o usuário e que, com o surgimento e o aperfeiçoamento das novas mídias, os estudos tendem a se ampliar sobre o assunto. Costa (2005) classifica-o como um novo veículo de conhecimento, buscando em sua produção refletir sobre como o novo suporte de comunicação – no caso, a internet –, com sua diversidade tamanha, pode proporcionar o aparecimento de novas formas de expressão do design.

Assim, refletir sobre essas questões também é uma forma de analisar essas transformações na sociedade. Costa (2005) encontra no design algumas potencialidades, como o movimento, a interatividade e a tridimensionalidade. Essas características serão mais bem exploradas a seguir.

O **movimento** é obtido por meio de tensões e de composições ritmadas; isso quer dizer que a direção é um elemento importante da comunicação visual, o que confere movimento a coisas estáticas. O design gráfico animado é um campo que recebeu espaço proporcionado pelo cinema e pela televisão. Já outras áreas, como a publicidade, fizeram parte de um mercado menor.

Essas observações constituem um cenário de profundas mudanças também tecnológicas. Isso se torna mais claro, quando consideradas as diferentes formas de escrita, que sofreram mudanças com o impacto das tecnologias emergentes. No que tange à visualização 3D, essa é uma das áreas da computação gráfica que tem a finalidade de reproduzir, automaticamente, a forma como os utilizadores observam o mundo.

Ao longo do percurso histórico, a prática do design gráfico foi contemplada apenas com duas dimensões: altura e largura.

"Tal como o movimento, a **tridimensionalidade** já tinha sido explorada em suportes dinâmicos, mas, do mesmo modo, a sua prática era restrita" (Costa, 2005, p. 123, grifo nosso).

A **interatividade** é outra importante característica. Sendo inerente ao comportamento social do homem, migrou para o universo multimídia com o passar dos anos. Isso evidencia que a comunicação por meio de signos gráficos não é uma novidade; o que aconteceu foram evoluções dentro da linguagem visual.

Desse modo, concordamos com Costa (2005) quando ela reconhece que a prática do webdesigner está para além do domínio de aplicações de sua própria autoria. O trabalho, além do domínio de ferramentas digitais, está centrado na compreensão de códigos linguísticos.

Com a internet em evolução constante, torna-se difícil ou mesmo impossível comparar a *web* de 1995 à *web* atual. Paralelamente, a área do webdesign evoluiu significativamente, sendo pouquíssimas as semelhanças entre os *layouts* antigos de *sites* populares e os atuais.

As imagens comprovam a própria evolução do design, o que tornou o ambiente da *web* mais intuitivo, agradável, favorecendo, principalmente, o acesso à informação.

Essas mudanças, citando especificamente o HTML, abriram caminhos para uma linguagem com hipertexto e com a introdução de elementos multimídia, como imagens, sons e vídeos em um mesmo documento, formando a **hipermídia**.

Em conclusão, o profissional, seja ele programador, designer ou webdesigner, poderá ter objetivos diferentes a depender do nível de formação e de especialidade, mas todos serão profissionais com suas multidisciplinaridades capazes de enriquecer e ampliar a experiência do usuário. É com um bom recorte e com a definição de quem será o usuário que tais profissionais poderão criar um conteúdo personalizado, traçando objetivos alcançáveis e que atinjam o público desejado.

Os projetos multiplataforma evidenciam que o resultado de um trabalho pode depender de "muitas mãos". O design não é uma criação isolada. Ele é fundamentado em muitos processos, utiliza-se de ferramentas e servirá, por sua vez, para novas criações em diferentes áreas.

Choosomran_Studio/Shutterstock

CAPÍTULO 4

CONHECIMENTOS APLICADOS AO DESIGN

4.1 Delimitações, estratégias e planejamento de projeto

O design caracteriza-se como uma área interdisciplinar e de disciplina projetual. É possível explorar sua parte teórica e observar como a prática está associada às questões escritas. São inúmeros os estudos que têm sido realizados, demonstrando como os conhecimentos podem ser aplicados ao design. Com isso, mostraremos a seguir algumas explicações, ferramentas e suas formas de uso pelos designers durante a aplicabilidade de um projeto.

Inicialmente, no Projeto de Lei n. 1.391, de 18 de maio de 2011, em seu art. 2º explica sobre o papel e a atuação do profissional de design (Brasil, 2011). O documento registra que o designer é todo profissional capaz de desempenhar atividades especializadas e de caráter técnico-científico, criativo e artístico para a elaboração de projetos no campo do design passíveis de seriação ou industrialização. Essa definição fornece a clareza de que os designers são, resumidamente, desenvolvedores capacitados a elaborar projetos.

Para todas (ou quase todas) as ações do cotidiano, o homem necessita se planejar. Mas, quando se fala de projetos na área do design, a organização e o planejamento vão além de cumprir o escopo e o tempo. Essa é uma etapa considerada necessária do processo de desenvolvimento de projetos, com o papel principal de informar a todos os envolvidos no projeto aonde se quer ir e como se pretende chegar lá (Follmann, 2015).

Antes de pormenorizarmos o tema das estratégias, convém explicarmos como funciona, na prática, um projeto. O início se dá quando o cliente entra em **contato** pelas redes sociais, por uma chamada de celular, *e-mail* ou mesmo por meio da indicação de alguém. Esse contato é formalizado com uma reunião entre o designer e o cliente. É geralmente após o primeiro contato, que o profissional consegue calcular a quantidade de horas que serão investidas em dado projeto, logo, surge o **orçamento**.

Há profissionais, como os designers de interiores, por exemplo, que costumam fazer **medições** do local onde será executado o trabalho. Esses dados são selecionados e repassados para o computador, onde será elaborada a primeira versão do projeto, que é o **anteprojeto**. Aprovado pelo cliente, o anteprojeto torna-se uma versão nova e mais detalhada, que é o **projeto**.

É importante esclarecer que essas etapas não são fixas; em verdade, são mais orientações ou tendências observadas. O mais importante é que o planejamento estratégico demanda um planejamento bem-estruturado.

Follmann (2015) afirma que, apesar de se discutir sobre o desenvolvimento de projetos na área, ainda é escasso o interesse sobre o planejamento dos projetos, classificado pela pesquisadora como uma lacuna nos cursos de ensino de graduação em design no Brasil. Essas lacunas podem ser oriundas de uma formação universitária que prioriza, talvez, a prática do profissional, sem compreender como a etapa de escrita e planejamento deve estar interligada com o resultado de um trabalho.

Na conceituação de planejamento, Oliveira (2007) apresenta cinco dimensões que carregam aspectos básicos e se assemelham às características que mencionamos anteriormente. A primeira diz respeito ao **assunto abordado** (produção, pesquisa, novos produtos, finanças, *marketing*, entre outros). Em seguida, ele cita os **elementos do planejamento** como propósitos, objetivos, políticas e orçamentos.

Também é importante destacar a dimensão de **tempo** do planejamento, podendo variar em curto, médio e longo prazo, a depender do projeto. No atinente às **unidades organizacionais**, estas indicam onde o planejamento é elaborado, podendo ser um planejamento corporativo, de negócios, de departamentos etc. A quinta e última dimensão concerne às **características do planejamento**, as quais podem ser ser subdivididas em quantidade ou qualidade, complexidade ou simplicidade, econômico ou caro, entre outras possibilidades.

De acordo com Oliveira (2007, p. 3), "Embora descrita por etapas, a atividade de planejamento é complexa, contínua e permite visualizar a amplitude do assunto". Quando se pensa no planejamento, especificamente, com foco em estratégias, o autor assinala que é um conjunto de tomadas de decisões pelo executivo para situações futuras. Esse processo acontece e é efetivado por empresas, independentemente de opiniões e vontades específicas de seus funcionários.

Para Oliveira (2007), o processo de planejar envolve, portanto, um modo de pensar e envolver indagações, o que se assemelha ao **contato**, destacado inicialmente. O objetivo é que esse contato envolva inquietações sobre o que fazer, como, quando, por que e outras possíveis perguntas. Todas essas questões precisam estar esclarecidas tanto para o cliente quanto para o designer, que terá a missão de executar as ideias.

Explicitamos o raciocínio de Oliveira (2007) – de que o planejamento é complexo – por reconhecer que, na elaboração de um projeto, podem ser empregadas diversas metodologias. Algumas seguem o modelo linear, isto é, obedecer etapa por etapa aquilo que foi planejado, outras, não lineares, admitem um trabalho fragmentado.

O designer Pedro Panetto é um dos defensores de metodologias não lineares, pois, segundo ele, é possível gerar resultados mais surpreendentes ao projeto. Em um vídeo disponibilizado no YouTube (Panetto, 2015), o designer explica algumas etapas utilizadas em seus projetos e o que elas significam. Essa ideia está esquematizada na Figura 4.1, a seguir.

Figura 4.1 – **Caminhos para elaborar um projeto de design**

INVESTIGAR | DIVERGIR | CONVERGIR | IMPLEMENTAR

Fonte: Elaborado com base em Panetto, 2015.

Esses verbos – *investigar*, *divergir*, *convergir* e *implementar* – integram uma metodologia discutida pelo designer, mas baseadas no pensamento de Tim Brown, expresso na obra Design *thinking: uma metodologia poderosa para decretar o fim das velhas ideias* (Brown, 2018). De acordo com Panetto (2015), o projeto pode ser iniciado com a etapa de **investigação**; em seguida, vem a etapa em que o designer terá muitas ideias e pode debatê-las e mesmo ter **divergência** sobre elas. Posteriormente, a decisão, na maior parte das vezes, é tomada coletivamente, de modo que o profissional defina o que será acatado e levado adiante do projeto. No final, **implementar** é a etapa mais esperada, na qual o planejamento é colocado em prática e os resultados são obtidos.

Ramos et al. (2017, p. 20) explicam que o design passa a ser visto como elemento estratégico, abandonando a ideia de ser um "artigo de luxo" e do campo do intangível. Os autores apresentam uma revisão bibliográfica de pesquisadores que apontam a evolução e a importância do design de forma estratégica nas corporações e outras etapas desse processo.

É percebido que muitos desses conceitos são originalmente de outras áreas de conhecimento, mas foram adaptadas ao design. Desse modo, vários autores buscaram apresentar metodologias e criar modelos para o desenvolvimento de projetos em design. Para Follmann (2015, p. 47):

> Dentre os autores que trazem novas metodologias (inclusive de outras áreas de conhecimento) para sistematizar o processo de design, e que estão presentes no ensino de projetos em design, podem ser citados: Manzini (1998 – Desenvolvimento de produtos sustentáveis); Gomes (2000 – Metodologia do Processo Criativo); Rozenfeld (2006 – Gestão de Desenvolvimento de Produtos); Moraes (2009–Metaprojeto como modelo projetual); Tim Brow (2010 – Metodologia do Design Thinking); Gomez (2010 – Brand DNA Process); El Marghani (2011 – Modelo de Processo de Design).

Além do referencial teórico apresentado, muitos outros autores têm se preocupado com as definições e as estratégias de planejamento de projetos na área do design. Para além desses conceitos, na prática existem ferramentas e documentos que podem ser utilizados na construção e no aperfeiçoamento do planejamento desses projetos, contribuindo também para a gestão estratégica e de qualidade do trabalho do profissional.

O **Termo de Abertura de Projeto** (TAP) ou *Project Charter* é um importante documento, no qual se esquematiza um projeto. Sua principal função é, como o nome indica, formalizar as informações iniciais de determinada ação ou projeto dentro de uma organização, bem como prever recursos a serem investidos nela.

Na prática, o termo de abertura de projeto é essencial para qualquer tipo de projeto. Ele faz parte do gerenciamento de um projeto, pois é nele que se pode contar informações detalhadas, orientando o profissional sobre como o projeto deve ser conduzido. É importante frisar que ele é diferente do escopo de um projeto. O TAP descreve informações como quem é o gerente responsável, quais são os prazos de entrega etc.

A **Análise SWOT** (acrônimo com as iniciais das palavras inglesas *strengths*, *weaknesses*, *opportunities* e *threats*), ou **Análise FOFA** (versão aportuguesada formada pelas iniciais dos vocábulos *forças*, *oportunidades*, *fraquezas* e *ameaças*) é outra ferramenta de gestão que pode ser utilizada para a execução de um planejamento estratégico. A estratégia auxilia na tomada de decisões de maneira que se possa ter mais chances de sucesso nas escolhas. Em resumo, utilizar essa ferramenta possibilita que o profissional, ao avaliar os pontos fortes e as fragilidades da empresa, obtenha um panorama completo dos fatores que podem determinar o sucesso do projeto.

Independentemente da aplicação dessas ferramentas, é necessário que essas ações sejam testadas, a fim de aumentar as chances de a atividade ter eficácia com a menor quantidade de falhas e erros possível. Esse é o pensamento da tecnóloga em processamento de dados, Cecília de Mattos, que também defende a criação de um plano detalhado, bem como uma revisão de cada etapa a ser seguida, assegurando a coerência e a coesão do trabalho final (Mattos, 2011).

O **escopo do projeto**, por sua vez, é um tipo de procedimento que utiliza informações de descrição do produto (escopo do produto) e da minuta do projeto. Conforme Follmann (2015), essas informações precisam estar descritas de forma clara e, preferencialmente, com metas quantitativas.

Percebe-se que todas essas ferramentas podem ser bons instrumentos para o planejamento de projetos, podendo ser adaptadas conforme o objetivo de cada trabalho.

É na camada de escopo que o designer explica e argumenta o que será feito no produto, as ideias que serão executadas para satisfazer os desejos do usuário, expondo também os conteúdos abordados nesse *site*.

Logo, o escopo do projeto é aquilo prometido pela empresa e que deve ser entregue ao cliente. Essa é uma das etapas mais importantes, antecedendo a elaboração e a execução do projeto em si.

Especificamente nos projetos de design, o *briefing* – conceito já trabalhado nesta obra – é a forma mais comum pela qual os designers registram o escopo do projeto. Nos moldes do gerenciamento de projetos, a declaração de escopo é o documento destinado a esse registro. Como ocorre com o *briefing*, o processo para se definir o escopo de um projeto é realizado "progressivamente à medida que mais detalhes se tornam conhecidos" (Heldman, 2009, p. 109).

Pesquisadores confirmam que essa abordagem de gerenciamento voltada aos projetos e usos na área do design ainda é uma atividade academicamente recente. Silva, Ferenhof e Selig (2013) alertam para os cuidados que se deve ter ao incorporar práticas e documentos de gerenciamento de projetos às práticas de design; os autores acrescentam que se deve buscar a ampliação das chances de sucesso dos projetos e não somente cumprir formalidades.

Ao compararem o *briefing* de design e a declaração de escopo de projeto, os autores identificam que os dois formatos são bastante similares e que grande parte das diferenças reside no contexto da linguagem em que é elaborado e escrito.

4.2 Mapeamento da jornada do usuário

Ao longo de nossa explanação, temos deixado claro o quanto os instrumentos e as ferramentas são importantes no desenvolvimento do trabalho de um designer. Na maioria dos casos, todos esses recursos funcionam como auxiliares nas tomadas de decisões, ajudando a alinhar o produto com os desejos do cliente e/ou do usuário. É nessa instância que entra a jornada do usuário. Entre diversas usabilidades, a ferramenta permite identificar todos os pontos de contato de um usuário.

Também conhecida como *mapeamento da experiência do usuário*, a **jornada do usuário** consiste na descrição detalhada das interações e das experiências do usuário ao utilizar o produto. Para criar uma jornada, o designer necessita criar *personas* já bem-estruturadas (já citamos esse conceito em outro ponto da obra). É possível realizar um trabalho sem ter essas *personas* definidas; no entanto, é importante que se tenha em mente que, nesse caso, a jornada do usuário será baseada em dados imprecisos.

Em uma pesquisa, Nunes e Quaresma (2018), que também escreveram sobre a importância das *personas* e da jornada do usuário, buscaram traçar características de consumidores de notícias, já que a migração do jornal impresso para o jornalismo digital tem modificado tal interação. Com a elaboração dessas *personas*, os pesquisadores detectaram três tipos distintos: (1) o "antenado", isto é, o usuário que se sente impelido a estar sempre atualizado; (2) o "*blasé*", aquele que não dá importância substancial aos fatos noticiados; e (3) o "retrô", aquele que se sente sufocado com a rapidez com que a notícia digital se atualiza.

Personas são os arquétipos que representam um grande grupo de pessoas reais. A construção desses arquétipos ocorre com base no conhecimento profundo sobre quem é o usuário. Diferentemente dos *wireframes* ou dos protótipos, *personas* não se encaixam em uma parte específica do projeto; em verdade, ajudam a guiar qualquer parte dele (Nunes; Quaresma, 2018).

É importante frisar que a **jornada do usuário** é uma ferramenta **não padronizada**. Ela pode ter diferentes formas, formatos e cores. A seguir, apresentamos algumas das informações básicas que o modelo de jornada do usuário deve conter:

- objetivos do usuário;
- ações;
- pensamentos pertinentes ao projeto;
- emoções que podem ser suscitadas.

Sobre o conceito de *design thinking*, já trabalhado nesta obra, Mendonça et al. (2017) discutem sobre as relações da área com as mídias, o conhecimento e a inovação. Para tanto, os autores utilizam duas técnicas: o desenho da *persona* e o mapa da jornada do usuário e/ou cliente. O design *thinking* favorece o desenvolvimento de soluções criativas no contexto organizacional. Suas técnicas propiciam um ambiente favorável para gerar conhecimentos que viabilizam a inovação quando reintroduzidos nos processos organizacionais (Mendonça et al., 2017)

O mapeamento da jornada do usuário (ou jornada do cliente) é uma técnica que resulta na organização visual da experiência cliente-empresa, registrando como ocorreu a compra de um produto ou serviço.

Esse mapa pode descrever uma jornada real ou ideal de um cliente. Conforme Liedtka e Ogilvie (2015, p. 61-62):

> O mapeamento da jornada oferece uma descrição convincente das necessidades não atendidas... ajuda a agrupar as diferenças entre os clientes, identificando oportunidades de melhoria... é uma ferramenta poderosa para mudar seu foco de "O que

a minha empresa deseja?" para "O que o cliente está tentando fazer?". As equipes de solução de problemas podem estabelecer uma forte conexão empática com o cliente, visto não como um dado estatístico ou um grupo demográfico, mas como um indivíduo com esperanças e desafios que merecem ser considerados... este campo é chamado de pesquisa social ou pesquisa de **design**, e ele premia a paciência, a consideração e a reflexão.

Esse mapeamento da experiência do usuário mostra que a aplicação da *persona* é algo que pode ou deve estar alinhado à jornada; essa junção pode ser útil para se identificar os passos que a *persona* deve percorrer até que o problema seja solucionado. Um usuário que tenha um objetivo estabelecido pode estabelecer um limite de jornada; por exemplo, alguém que deseja aprender algo novo. É com a ajuda da jornada do usuário que se pode detectar as facilidades e dificuldades, as experiências positivas e negativas etc.

Por fim, o mapeamento da experiência do usuário tem o potencial de melhorar significativamente a jornada do usuário antes mesmo de começar a prototipá-lo (o conceito de prototipagem será abordado a seguir). Assim, o mapeamento ajuda a pensar segundo a perspectiva do usuário e a visualizar o atrito que ele pode ter na experiência.

Todos estamos cercados por produtos e serviços que contêm histórias. A jornada de um usuário engloba o relacionamento que ele estabelece com aquele produto, desde a procura, a compra, a troca, até o conserto e o uso. Esses pontos de interação fazem parte da jornada do cliente ou usuário.

É com essa jornada que os designers podem aplicar outras ferramentas, ampliando uma gama de ideias e melhorando a experiência do usuário. Para ilustrar isso, citamos o seguinte exemplo: um indivíduo acessa o *site* de uma livraria para verificar quais são os lançamentos em destaque. Ao navegar pelo *site*, essa pessoa se interessa por algumas obras, coloca-as no carrinho e segue os passos para efetuar a compra. Todos esses comandos já estão incluídos na experiência do usuário. A experiência estava satisfatória até que ela foi surpreendida por algo como "Ganhe R$ 20 de desconto na sua próxima compra". Ao clicar no quadro, ela é direcionada para uma página em que, na verdade, precisa se associar a um grupo e, somente depois, consegue o desconto prometido. Rapidamente, podemos perceber que essa experiência se configura como uma espécie de *dark patterns*, as famosas interfaces que induzem o usuário a clicar e tomar ações que não deseja.

Apesar de a jornada do usuário ser algo individual e pessoal, a situação exposta evidencia que a experiência acabou sendo alterada em seu desfecho.

Ainda podemos abordar dois fatores fundamentais na jornada do usuário: o ***storytelling*** e a **visibilidade**.

O *storytelling* é uma técnica de contar, desenvolver e adaptar histórias com elementos específicos e de um modo interessante. "Ele tem a capacidade de criar uma situação em que o receptor fique interessado e com sua atenção plenamente voltada para a mensagem" (Palacios; Terenzzo, 2016, p. 102). No segmento empresarial, o *storytelling* é considerado um instrumento poderoso de comunicação.

Na percepção de Arab, Domingos e Dias (2011), o *storytelling* também é entendido como narrativas que carregam uma ideologia, provocando sentimentos e desejos, tornando-se, assim, uma ferramenta poderosa. É com o recurso do *storytelling* que a comunicação empresarial, o setor de relações públicas, pode desenvolver narrativas, organizando um planejamento estratégico para o futuro. A visibilidade é explicada como a maneira encontrada de transformar dados em informação gráfica.

Assim, a jornada do usuário envolve todos esses elementos e processos, sendo capaz de ilustrar o caminho percorrido pelo usuário. A jornada do usuário tem o objetivo de promover uma experiência quando planejada por diversos profissionais.

Embora tenha sido apresentada aqui a perspectiva do *storytelling* empresarial, a jornada do usuário é voltada para a perspectiva humana e não necessariamente comercial. Isso significa que uma jornada inovadora é efetivada quando o designer é capaz de compreender os pensamentos e as sensações de seu cliente nas etapas da jornada de interação com a marca. Isso envolve **pensar com empatia**.

E como elaborar a jornada de usuário?

Os problemas podem variar ao longo da jornada, assim como as diferentes *personas*. Logo, não existe um padrão para o desenvolvimento da jornada do usuário, mas uma exigência e regra "padronizada" pela busca de qualidade e satisfação do cliente. Apesar disso, existem alguns elementos necessários e que não podem ser ignorados. São eles:

- *Pain point,* **ou ponto de dor**: Essa é uma área em que fica latente uma tristeza ou mesmo a pior reação emocional do usuário. O sentimento de dor, de incômodo ou preocupação é claramente identificável na jornada de um cliente.
- **Mapa de empatia**: É muito útil quando se precisa identificar as emoções de uma *persona* ou de uma jornada.
- **Disponibilidade de colaboradores**: Para elaborar a jornada de um usuário, os designers e mesmo as grandes empresas precisam de funcionários que estejam dispostos a embarcar no aperfeiçoamento contínuo do processo.
- **Visualização de novos cenários**: Não basta visualizar o mapa com as informações sobre o que acontece no momento atual; é necessário criar um cenário para o mapa sobre o que está por vir, o futuro.
- **Cenário**: É necessário detectar por qual experiência o usuário está passando. Pode ser uma jornada já existente ou uma nova experiência. É importante sempre ter em vista o objetivo do usuário nesse processo.
- **Ações**, *mindsets*, **emoções**: Esses elementos são cruciais. O coração da jornada do usuário deve ser o que ele faz, sente e pensa durante a experiência, o que também está relacionado com o mapa da empatia. Pesquisas devem ser aplicadas para compilar informações relevantes para compor esse elemento.

4.3 A importância do design responsivo e o *mobile first*

O design responsivo faz parte do desenvolvimento de um *site*, em que os elementos se ajustam conforme a largura da tela do usuário. Isso é uma das formas eficazes de garantir que o usuário tenha uma boa experiência com seu *layout*, com sua interface e, naturalmente, fique satisfeito com a navegação.

Entretanto, a definição de design responsivo não se restringe ao *layout* ou ao tamanho da tela; ela envolve a capacidade de responder às características do dispositivo ao qual serve. Responder, nesse contexto, tem o sentido de "movimentar-se".

O termo *design responsivo* surgiu em maio de 2010, em um artigo escrito por Ethan Marcotte no *site* A List Apart (Marcotte, 2010) e que mudou a forma de desenvolvimento de *layouts* para a *web*. Esse artigo aborda a mudança na forma de uso da *web* com o crescimento do número de usuários *mobile* e como isso afeta as empresas que necessitam que seus *sites* tenham uma boa *performance* e experiência também nos novos dispositivos.

Uma de suas principais contribuições foi verificar que era preciso criar um *layout* adaptável e intuitivo, que funcionasse independentemente das mídias utilizadas. A experiência de acessar o mesmo *site* por um *tablet*, dispositivo móvel ou *desktop*, sem alterar a resolução, faz parte da criação do design responsivo. A área tem alguns elementos que são essenciais para seu funcionamento, como códigos HTML (HyperText Markup Language, ou Linguagem de Marcação de HiperTexto), CSS (Cascading Style Sheets, ou Folhas em estilo cascata) e JavaScript, cujas linguagens foram apresentadas em outro momento.

Segundo o manual de webdesign responsivo, vários desses elementos mencionados fazem parte dos códigos *front-end*. O que deve ficar memorizado é que cada um desses elementos é importante para o funcionamento: "é importante estar alinhado com o desenvolvedor que irá fazê-lo, pois HTML, CSS e JS são algumas dessas pecinhas fundamentais do RWD[1]" (Arty, 2016, p. 9).

Nos dias atuais, o design responsivo pode ser considerado um requisito básico de um *site* para que o usuário navegue de modo satisfatório independentemente do dispositivo a partir do qual o acessa. Nessa perspectiva, existem algumas tecnologias consideradas essenciais para o desenvolvimento do design responsivo: *media queries* e CSS3; HTML5; Javascript; mídias adaptáveis; *grid* fluido.

Cada usuário interage de forma particular e em diferentes dispositivos. Fé (2008) aborda, especificamente, questões relacionadas aos dispositivos móveis. A autora percebe a mobilidade como um "benefício consequente das tecnologias móveis, [que] provê ao usuário, juntamente com a proximidade física, o poder da livre comunicação, o qual configura um dos principais avanços da comunicação sem fio" (Fé, 2008, p. 63).

Com esses dados, introduzimos o conceito de *mobile first*, usado no desenvolvimento de *sites* responsivos. Ele foi criado em 2009 pelo desenvolvedor Luke Wrobleswki, que defendeu que o planejamento de um *site* responsivo deve contemplar primeiramente sua versão *mobile* (para dispositivos móveis) e seguindo do menor para o maior (do *mobile* até *desktop*).

---

1 RWD é a sigla para Responsive Website Design (design responsivo).

De acordo com Prostt (2013), *mobile first* é a abordagem em que, em vez de criar interações totalmente diferentes no projeto responsivo a cada dispositivo novo lançado, basta otimizar a experiência para o novo contexto sem grandes modificações. Em sua pesquisa, a autora identifica que o motivo de seguir pesquisando sobre as interfaces *web* que utilizam o design responsivo é a carência do debate no mercado de trabalho. Prostt (2013, p. 72) afirma que:

ainda há muitas páginas *web* sem o mínimo de recurso para serem flexíveis e diante disso pode-se concluir que não é preciso [sic] soluções grandiosas e implementações complexas, o que o mercado de linguagens *web* oferece é o suficiente para se ter uma boa página *web* funcionando nos inúmeros dispositivos móveis existentes. Por fim, cabe ressaltar que uma das principais observações, se não a mais importante, é o fato de que a *web* foi projetada para ser flexível desde o seu começo, o que tem de mudar é a cultura dos desenvolvedores e projetistas, um projeto *web* deve ser único e flexível desde a sua concepção.

Lopes (2013) corrobora ser mais razoável iniciar o design tendo em mente as restrições do *mobile* e somente depois evoluir para os computadores. Em termos práticos, a metodologia força os desenvolvedores a focarem e priorizarem o conteúdo, uma vez que as restrições do *mobile* definem um design mais simples e funcional e, quando a evolução para a versão *desktop* acontece, o resultado também é uma interface mais simples.

Uma dúvida frequente é se o design responsivo é a mesma coisa que o design adaptativo. A resposta é não, apesar de as abordagens serem complementares. Os dois são muito parecidos e têm a mesma finalidade: fazer o *site* se adaptar aos diferentes formatos de tela. O primeiro, como já referimos, diz respeito a criar um único projeto para diferentes tamanhos de tela.

O design responsivo é mais fácil de implementar, tem um SEO (Search Engine Optimization, ou otimização para mecanismos de busca) amigável com uma interface uniforme e outros pontos considerados positivos. Em contrapartida, ele geralmente é mais lento e alguns elementos podem não se ajustar.

Já design adaptativo, por sua vez, tem como propósito a criação de um *layout* por tela ou, pelo menos, para as telas do computador e *mobile*. Os principais pontos positivos são o maior controle para otimizar a experiência do usuário e a rapidez característica dos modelos de design; como desvantagens, porém, demandam mais tempo e investimento.

No conceito do design responsivo, também se inclui acompanhar exatamente a resolução do dispositivo, já no caso do design adaptativo se trabalha com medidas fixas para cada resolução, como 1200px, 1024px, 768px, 480px. Há também os *sites* fluidos em que os *layouts* utilizam porcentagem do espaço em vez de largura fixa, ou seja, existem elementos em colunas, as quais podem ficar mais largas ou estreitas, como se fossem uma "sanfona" que se estica e contrai.

O maior problema desse tipo de design é o fato de que os elementos na página não podem se ajustar em conformidade. Esse tipo de design pode representar problemas e insatisfação ao usuário, desconsiderando a usabilidade ou como o usuário daquele dispositivo acessa a interface. Por outro lado, o diferencial do design responsivo – e que surge depois – é justamente sua capacidade de se reorganizar conforme o tamanho da tela.

As medidas flexíveis permitem o *site* se adaptar ao redimensionamento do navegador. Todavia, há momentos em que isso pode não acontecer conforme o esperado. Esse momento (ponto) é chamado de *breakpoint*. Segundo Lopes (2013, p. 62), *breakpoint* "É o ponto de quebra do [...] *layout* fluído onde uma reestruturação maior é necessária [...] para ajustar o design e melhorar a experiência do usuário".

Outra importante função para a elaboração de um *site* responsivo são as *media queries*. Para ajustar o design nesses pontos, elas são bastante úteis, pois permitem ocultar, fazer aparecer e reposicionar elementos e interações conforme a resolução usada no momento da visitação do *site*.

Esses dados são abordados no trabalho de França (2015), que, além de apresentar a tríade para um *site* responsivo (*layout* fluido, *media queries* e imagens responsivas), discute a importância de se utilizar webdesign responsivo na construção de *sites*. Esse empenho busca a construção de um *site* mais adaptável, agradável e intuitivo ao usuário.

Para além de conhecer todas essas técnicas utilizadas para desenvolver *sites*, é importante que o profissional tenha a consciência de que esse preparo proporcionará uma melhor experiência ao usuário, gerando resultados também para a equipe de desenvolvedores e a todos os envolvidos.

Concordamos com França (2015) que conhecer essas técnicas e ferramentas é importante para os webdesigners; esses saberes podem contribuir para o desenvolvimento de *sites* responsivos mais estruturados, seguros e expansíveis.

4.4 Prototipagem: definição, objetivos e vantagens

Necessário no desenvolvimento de produtos, serviços e sistemas, o design, durante o desenvolvimento de projetos, deve sempre buscar ferramentas, técnicas e materiais que auxiliem na busca por inovação. Os designers têm o compromisso de continuar refletindo, projetando formas e soluções para agregar qualidade de vida, proporcionando outra visão aos usuários que vivem em cidades de características globais, onde o que predomina é a variedade, a dispersão, a experimentação.

Nesse sentido, apoiamo-nos em ideias como as de Pereira et al. (2017), que lembram de tarefas desempenhadas pelo design na área de prototipagem, em que o profissional faz uso de modelos e protótipos que nada mais são do que a materialização de ideias que o auxiliam durante o projeto, pois os protótipos permitem a interação não só com a equipe de projeto, mas também com o usuário.

Muitos quesitos podem ser validados em uma única etapa de um projeto. A experiência do usuário, por exemplo, não está somente ligada ao visual, mas também ao funcional. É por isso que decidimos explicar por que investir em prototipagem pode ser decisivo, atuando de forma a aperfeiçoar aquele projeto em desenvolvimento, principalmente considerando-se as aplicações *mobile*.

A prototipagem é uma maneira de transferir ideias do âmbito conceitual para a realidade. Novamente, emana a temática do design *thinking*. Ele é uma das metodologias que incentiva e inclui o uso da prototipagem. O trabalho nessa fase consiste na produção de uma versão inicial reduzida e de baixo custo por meio dos chamados *protótipos*. O objetivo é revelar problemas de design, usabilidade ou adequação.

Faz sentido pensar que o design tem buscado novas soluções para garantir maior eficácia de resposta aos mercados emergentes. O recurso à prototipagem, que pode ser tanto real quanto virtual, passando pela prototipagem manual e a prototipagem rápida, integra os processos de desenvolvimento de um produto.

Palhais (2015), em sua pesquisa de mestrado, escreve sobre os métodos de construção de protótipos e sua aplicação nos mais diversos segmentos. Segundo a pesquisadora, cabe aos profissionais do design aplicar essas ferramentas com o fito de reduzir o tempo de produção e os custos do projeto, obtendo resultados mais favoráveis e facilitando a comunicação com os clientes e com o utilizador. Palhais (2015, p. 29-30) avalia que:

> O recurso à prototipagem fornece aos designers informações importantes sobre requisitos do mundo real, servindo de método para explorar ideias preliminares de forma mais rápida e mais econômica, visualizar, avaliar, organizar qualidades, aprender, testar e melhorar as especificações do projeto antes da concretização final. Por exemplo, esboços de conceito e Storyboards são usados para desenvolver a aparência e personalidade de personagens tipo, ajudando a comunicar os conceitos, revelando requisitos de projeto e possíveis problemas e permitindo a avaliação por um público-alvo.

Fica claro que a prototipagem não é apenas um meio de resolução de problemas. Além de ajudar na comunicação, o protótipo persuade e surpreende. O termo *protótipo* vem do grego *prototypus* (*proto* = "primeiro", *typus* = "tipo"), ou seja, é o primeiro de seu tipo em representações de uma peça ou produto.

É fácil rejeitar um relatório ou projeto com base em um protótipo, assim como é fácil mudar ou aceitar uma nova ideia. Palhais (2015, p. 31) explica as diferenças entre protótipo, modelo e maquete:

- **Protótipo**: É um primeiro tipo ou exemplar único funcional, com intuito experimental, antes da produção de outros exemplares.
- **Modelo**: É a imagem, desenho ou objeto que representa algo que se pretende reproduzir.
- **Maquete**: É o modelo feito à escala do objeto real.

Em um projeto com várias fases, é interessante fabricar um modelo em cada uma das etapas em que surja algo para ser testado. Este não precisa ser sofisticado; o ideal é que seja barato, uma vez que sua função é apenas de avaliação. É com base nesse protótipo que as melhorias no produto serão feitas.

Então, há grandes chances de o protótipo apresentar falha, mau funcionamento ou reprovação de usuários. O nível de proximidade entre o protótipo e o produto final – chamado de *fidelidade* – pode variar de acordo com o propósito com que é feito. Se o objetivo for uma verificação mais simples, será diferente daquele produzido para uma situação em que se deseja testar a precisão, por exemplo.

De acordo com Pereira et al. (2017), os modelos e protótipos podem tanto ser confeccionados com os mais simples materiais – como papel, cola ou argila – quanto com materiais mais sofisticados e com complexas máquinas de prototipagem rápida – por adição ou remoção de material –, que permitem a confecção de protótipos funcionais.

No caso da prototipagem rápida, sua popularidade se deve à capacidade de produzir peças complexas em curto tempo. Ela é dedicada à construção de modelos físicos em diferentes fases do produto, tendo como diferencial a rapidez de resultados. Essa técnica ainda serve para avaliar os mais diferentes tipos de projetos na área da engenharia e design.

Para Alencar (2004), a expressão *prototipagem rápida* designa um conjunto de tecnologias usadas para fabricar objetos físicos diretamente de modelos sólidos tridimensionais, gerados em sistemas de projeto auxiliados por computador. As tecnologias de prototipagem rápida podem utilizar tanto os processos de subtração quanto a adição do material.

Dorta (citado por Martins, 2010) considera que as vantagens das ferramentas tradicionais como artefatos cognitivos do design são imensuráveis. Isso porque, em sua visão, nem os desenhos realizados com o auxílio de mesas digitalizadoras, nem os protótipos mais perfeitos construídos por meio de prototipagem rápida partilham das mesmas vantagens dos artefatos cognitivos.

É conveniente esclarecer que a prototipagem abrange muitos mais elementos do processo de desenvolvimento de produto, ao passo que a fabricação rápida é um modo de resposta à evolução da indústria. Uma deve estar aliada à outra durante o desenvolvimento de um produto.

O processo deve ser evolutivo, iniciando-se com a realização de protótipos manuais rudes que evoluem e culminam em um protótipo realizado por meio de uma técnica de prototipagem rápida, auxiliando, assim, na validação e no teste do objeto a realizar (Palhais, 2015).

A autora ainda corrobora com a compreensão de que a prototipagem rápida é um dos diversos modos de prototipar e tem como função auxiliar no desenvolvimento do produto, materializando as possíveis opções de design. Ela apresenta nítidas vantagens sobre o desenho virtual, permitindo comunicação e visualização mais eficientes.

Destaca-se a importância de o estudante e o profissional de design conhecerem e saberem utilizar, ao longo de projetos, as diferentes técnicas e os materiais que possam auxiliar na construção de protótipos, com maior ou menor fidelidade, levando em consideração custos, tempo e exequibilidade.

O domínio da informática e de tecnologias instrumentais e projetuais proporciona ao designer um maior controle sobre os riscos envolvidos nos projetos e a melhoria na qualidade das soluções que pode apresentar.

Vislumbrando casos práticos, Medeiros et al. (2014) demonstraram em sua pesquisa o processo de projeto de um aparato para pessoas com deficiência visual e baixa visão. A utilização de técnicas como a prototipagem rápida, durante o desenvolvimento de projeto, possibilitou a execução de modelos precisos e fundamentais para decisões de caráter ergonômico e formal.

Tendo em vista a necessidade de adequação do produto ao usuário e às suas tarefas, as técnicas de prototipagem rápida, utilizadas durante o processo projetual, dispensam os altos custos da produção industrial e facilitam os habituais ajustes que se fazem necessários nas etapas de execução do protótipo (Medeiros et al., 2014).

Conforme a percepção de Pupo (citada por Medeiros et al., 2014), as novas formas de produção associadas à tecnologia digital, hoje, trabalham como grandes aliadas na inovação de projetos, na fabricação e na construção. Os novos meios de produção, nos quais estão incluídas a prototipagem rápida e a fabricação digital, possibilitaram um formato de inovação antes impensável.

Em outra pesquisa, Pupo (2008) classificou a prototipagem rápida como uma ferramenta importante para reduzir o tempo de produção ao mesmo tempo que se mostra capaz de aumentar a qualidade e reduzir custos.

Acrescentamos que algumas teorias entendem como prototipagem unicamente os processos que se utilizam da sobreposição de camadas de qualquer material, visando à formação de um protótipo físico; outras, porém, não estabelecem parâmetros e a definem pelos métodos que exclusivamente utilizam equipamentos automatizados.

As técnicas de prototipagem rápida aditiva baseiam-se em um processo de construção tridimensional que se dá por meio da adição de material em forma de camadas planas sucessivas (Volpato, 2007). Mais detalhadamente, seria "Um pacote de *software* que 'fatia' o modelo do componente em CAD[2] em várias camadas finas, com aproximadamente 0,1 mm de espessura, as quais são dispostas uma sobre a outra".

---

2   CAD é a sigla para Computer Aided Design (ou Desenho Assistido por Computador).

Com base em um breve levantamento bibliográfico, em que autores dialogam sobre as definições, objetivos e vantagens da prototipagem, Medeiros et al. (2014) concluíram que o desenvolvimento do projeto atingiu o objetivo, que foi criar um produto capaz de proteger os deficientes visuais de obstáculos. Entretanto, o produto não substitui a bengala, há muito tempo a principal e mais efetiva ferramenta de auxílio às pessoas com deficiência visual. A prototipagem rápida foi fundamental para o desenvolvimento, a validação e a execução do projeto, demonstrando de forma prática as falhas de projeto e processo, e permitindo melhorar continuamente todas as etapas.

Esse trabalho ilustra como designers podem olhar com mais cuidado para públicos tão específicos e carentes de produtos mais adequados a seu cotidiano. Vale acrescentar que há inúmeras possibilidades nesse campo de pesquisa, tanto para a aplicação da prototipagem rápida quanto ao desenvolvimento de produtos assistivos.

Dessa maneira, a gestão e os conhecimentos aplicados ao design abordados neste capítulo confirmam pontos diferenciadores e que podem ser aplicados em projetos. Isso contribui, também, para o aperfeiçoamento do trabalho e para um melhor engajamento do público final com empresas de diversos segmentos. Além disso, propõe uma síntese da gestão de design para implementação, não apenas para o sucesso da empresa, mas também para sua sobrevivência, evidenciando a importância estratégica do design para as corporações e os usuários finais.

PongWatchara/Shutterstock

CAPÍTULO 5

FERRAMENTAS E MODOS DE UTILIZAÇÃO NO DESIGN

5.1 Protótipos, *wireframes* e design

No capítulo anterior, discutimos sobre prototipagem, sobre o que são os protótipos – definidos como "o primeiro modelo", que está em fase de testes, estudo ou planejamento de um projeto – e suas funcionalidades no campo do design. Agora, apresentaremos os diferentes tipos de protótipos. Vale lembrar que, durante a etapa de um projeto digital, a criação de um protótipo é importante para que ele seja avaliado com recursos e interações.

Entendemos ser necessário conhecer os diferentes tipos de protótipos porque existem especificidades em cada modelo, havendo o de baixa fidelidade, o de média fidelidade e o de alta fidelidade.

O primeiro, também conhecido como rascunho ou *sketch*, pode ser utilizado para definir de um jeito simples como seria a interação do usuário com o projeto. Como a prototipagem de baixa qualidade é a mais simples, é comum que, para a execução desse tipo de projeto, sejam utilizados como instrumentos papel e caneta. No entanto, o designer também pode utilizar quadros, a ferramenta *Basalmiq Mockup* – que é utilizada para desenvolver protótipos ou modelos (*mockups*) –, entre outras possibilidades.

Santos et al. (2011) propuseram uma abordagem em que foi utilizada a prototipagem de baixa fidelidade. Os pesquisadores partem do pressuposto de que existe uma urgência na inovação de interfaces popularizada pelos dispositivos móveis – sendo citados os *smartphones* e *tablets* –, caracterizando certos desafios para as equipes de design.

Partindo desse trabalho transdisciplinar, os pesquisadores avaliaram alguns exemplos de desenvolvimento de protótipos em baixa fidelidade. Sobre um dos casos, eles comentam: "o produto em causa consiste numa parede interativa de conteúdos com interação gestual livre suportada por tecnologia kinect, e um interface gráfico multitáctil para dispositivos móveis do tipo *smartphone*" (Santos et al., 2011, p. 3414).

Apoiados em ideias de outros autores, esses pesquisadores distinguiram como os profissionais de tecnologia e os designers utilizam o conceito de protótipo e suas aplicabilidades.

> Ao contrário dos profissionais da tecnologia, que recorrem a protótipos para estudar a exequibilidade de processos técnicos através de avaliações sistémicas e científicas, os profissionais do design geram protótipos para melhor expressar ideias e refletir sobre elas por meio de uma abordagem exploratória e intuitiva, mais orientada para a descoberta e geração de novas ideias do que a escolha de soluções pré-existentes. (Beaudouin-Lafon; Mackay, citados por Santos et al., 2011, p. 3416)

Com base nessas observações, os autores comentam sobre as seções do design participativo suportadas por ferramentas de prototipagem cooperativa de baixa fidelidade. Eles identificaram que ambas as equipes (profissionais de design e desenvolvimento) perceberam uma melhoria significativa das relações de trabalho. Esses resultados mostram uma qualidade estética e funcional das soluções alcançadas (Santos et al., 2011).

Ao se fazer um protótipo de telas de um celular, por exemplo, e apresentar ao cliente em potencial, o profissional tem a escolha de fazer essa apresentação de maneira formal, com *slides* do PowerPoint. Além disso, é possível fazer recortes de papel, fazendo do seu protótipo uma imagem semelhante ao que será entregue na versão final.

A versão do protótipo de baixa fidelidade se assemelha a um rascunho à mão ou feito recorrendo-se a algum *software* que oferece esse recurso. Esse é um trabalho de certo modo mais "simples", ao passo que a prototipagem de alta fidelidade se aproxima mais da versão final. Existem diversas ferramentas para a criação de protótipos utilizando computadores, entre elas, a Pencil, que serve para a criação de desenhos de *layouts* para prototipagem.

Outra maneira de se fazer protótipos é em forma de *storyboards*, maquetes, encenações. A criação desses esboços, que representam um projeto em desenvolvimento, permite demonstrar como um produto ou serviço deveria funcionar na prática e validar hipóteses junto aos usuários e/ou clientes. Ao criar essa demonstração, a equipe esclarece e afunila as ideias.

A prototipagem visa, ainda, melhorar a experiência do usuário (*user experience* – UX), assim como diversas outras áreas do design. Por serem elaborações iniciais de um projeto, é provável que os protótipos precisem ser refeitos e enquadrados conforme o desejo do cliente e outros elementos identificados no processo. A Figura 5.1 ilustra a prototipagem em papel.

Figura 5.1 – **Prototipagem em papel**

Sobre os protótipos físicos, Forti (2005) explica que geralmente eles são construídos de forma artesanal ou semiartesanal, e tendem a apresentar um alto custo de produção. Por essa razão, eles nem sempre reproduzem todas as funcionalidades do produto final, seja por não haver necessidade para o teste em questão ou pela dificuldade de construí-lo com dada característica.

O processo de prototipagem faz parte de um ciclo de etapas para o desenvolvimento do design *thinking*.

> Os objetivos dos protótipos são permitir que as ideias sejam demonstradas e comunicadas, para que haja um melhor entendimento, e permitir que elas sejam materializadas, a fim de avaliar sua viabilidade de construção e funcionamento. O processo

de prototipagem ocorre em diversos ciclos, cada um com a construção de protótipos com finalidades diferentes. (Pereira, 2016, p. 31)

Pereira (2016, p. 32-33) ainda indica as contribuições de diferentes tipos e objetivos de protótipos, classificados em seis:

1. Protótipo da Função Crítica: Entendimento do escopo global do problema a ser tratado com o desenho das soluções funções críticas identificadas para a solução a ser obtida.
2. Protótipo Azarão (*Darkhorse*): Parte das funções críticas identificadas para uma visão mais abrangente e divergente, permitindo o surgimento de uma variedade de soluções potenciais. Permite a experimentação de soluções de alto risco ou complexidade, que podem não ser consideradas apropriadas para o desenvolvimento do projeto em um primeiro momento.
3. Protótipo Integrado (*FunKtional*): Objetiva integrar os achados das interações anteriores para a criação de um conceito mais coerente e holístico para o prosseguimento do projeto.
4. Protótipo Funcional: É marcado pela definição da solução final a ser adotada para o desenvolvimento do projeto. O protótipo deve trazer as funções básicas do conjunto de solução escolhida para interação com os futuros usuários.
5. Protótipo X-está-finalizado: Finalização das funções necessárias para a aplicação da solução do problema. O foco é na execução das funcionalidades por completo, mais do que na aparência final em si.
6. Protótipo Final: Integração e aprimoramento de todos componentes do conjunto de solução, resultando na criação de um conceito consistente e próximo ao real em aparência, formas e funcionalidades.

Essas definições apontam para formas de aperfeiçoamento de um trabalho e/ou projeto de protótipos. Também a área da engenharia é um campo que tem desenvolvido processos de projetos e de construção de protótipos em estágios iniciais.

É nesses campos de atuação que designers, engenheiros e demais profissionais envolvidos no desenvolvimento desses projetos devem estar a par das linguagens tecnológicas e de informática. Ter o domínio dessas ferramentas permite ao designer minimizar os riscos de erros e procurar soluções para o projeto.

Smith (citado por Barbosa, 2009) acredita que utilizar os computadores é uma maneira eficiente de realizar o desenvolvimento desses projetos, já que é por meio do computador que a modelagem e a simulação constituem ferramentas poderosas.

Esses "truques" ajudam a selecionar e a modelar somente o necessário, já que modelos e produtos complexos exigem mais tempo de execução.

Na literatura sobre prototipagem, praticamente inexistem, no contexto nacional, revisões bibliográficas que abordem o assunto. Por isso, é no estudo de Barbosa (2009) que encontramos identificação, verificação e confirmação de indagações básicas sobre o design e as tecnologias contemporâneas de prototipagem.

Quando a pesquisa mencionada cita as tecnologias contemporâneas de prototipagem, alguns exemplos desse tipo de protótipos são: prototipagem rápida, corte a *laser* e CNC (controle numérico computadorizado), uma vez que, para manuseá-las, são necessárias competências que alteram as maneiras de se trabalhar com o design.

Defende-se a ideia de que, para além de saber manusear, instruir e pensar sobre essas ferramentas, é preciso adquirir outras habilidades quanto ao conhecimento e à forma de implementação ao produto.

Antes, os cursos de design propriamente ditos incentivavam as modelagens manuais tanto de modelos quanto de protótipos convencionais. Com o avanço tecnológico, o design passou a introduzir esses recursos na sociedade, migrando para a **modelagem virtual** com o auxílio dos computadores.

De acordo com Pahl et al. (2005), os profissionais de desenvolvimento de um produto, incluindo as áreas de design, projeto, fabricação e outras, não podem executar um trabalho de maneira individual. Isso porque as realizações das tarefas devem estar afinadas entre todos os participantes, levando-os a um resultado satisfatório.

Recomenda-se que, na elaboração de um aplicativo, as ideias sejam colocadas no papel para, então, se criar o *wireframe* – que é um tipo de esboço, esqueleto ou mesmo protótipo, já estudado nesta obra. Convém reforçar que, na etapa do *wireframe*, não existe a preocupação (ainda) do design nem informações que sejam do ponto de vista do usuário, complementares do ponto de vista do usuário. Um detalhe importante é que, geralmente, um protótipo é confundido com um *wireframe*.

Em meados dos anos 1990, muitos *websites* utilizavam animações e informações coloridas, hoje consideradas informações que "poluem" a interface. Isso, em alguma medida, influenciava negativamente o consumo da informação por dificultar a leitura e a compreensão do conteúdo. Com o passar dos anos, as empresas viram a necessidade de melhorar a experiência do usuário, criando interfaces, tipografias, imagens e outros elementos visuais que fossem adequados à necessidade de seus usuários.

Nesta obra, enfatizamos como, na contemporaneidade, a experiência do usuário é levada a sério pelos designers, programadores e as empresas em geral. Essa preocupação resultou na evolução e na mensuração de resultados. Certos profissionais passaram a ser responsáveis pelo aperfeiçoamento do trabalho nos meios digitais, como é o caso de um desenvolvedor, que se preocupa com um *website* ou aplicativo viável e adaptável às necessidades do usuário.

Para citar instrumentos que podem garantir o sucesso do projeto, citamos os *wireframes* – havendo outros que detalharemos a seguir. Antes de um *layout* estar finalizado, ele é esboçado em forma de rascunho ou papel. Logo, o *wireframe* é esse escopo do projeto, que pode servir como uma espécie de "guia" para a execução de um trabalho.

A ideia é que, para o desenvolvimento de qualquer um dos instrumentos apresentados adiante, o cliente possa ser parte dessa construção. Essa estratégia pode minimizar os ruídos da comunicação. A seguir, apresentamos detalhadamente cada um desses instrumentos capazes de ajudar a obter bons resultados, explicitando as diferenças entre *wireframes*, protótipos e *mockups* (ou *mock-ups*).

Para clarificar as diferenças entre os *wireframes* e os protótipos, é válida a seguinte afirmação: é comum encontrar protótipos de média e alta fidelidade, já o *wireframe* é normalmente uma representação de baixa fidelidade do projeto final. Em sua maioria, os protótipos são utilizados para simular a interação do usuário com o projeto, experimentando o conteúdo junto com as interações da interface criada. Os *wireframes*, por suas particularidades, servem para comunicar a estrutura da informação, a visualização básica da interface e características que devem ser criadas em um curto tempo.

Os *wireframes* ainda são utilizados para descrever os artefatos criados para discutir, comunicar e, principalmente, documentar a estrutura geral de um *website*. Vale lembrar que *wireframes* e protótipos compõem um mesmo conjunto de representação, com a diferença que os protótipos representam interfaces de forma muito mais próxima do produto final.

Os *mockups*, por seu turno, são representações de média e alta fidelidade de um projeto. É comum que esse tipo de representação se assemelhe ao projeto final. Uma de suas vantagens é a de apresentar as principais funcionalidades de um trabalho.

Como escolher a ferramenta ideal para a execução de um projeto? Eis, alguns dos itens que devem ser levados em consideração, no momento de selecionar a ferramenta, conforme o objetivo predefinido:

- o *software* a ser usado para criar cada um deles;
- o profissional que irá fazê-lo;
- a habilidade do profissional com tal ferramenta;
- o nível de detalhamento que o protótipo precisa ter;
- o momento em que o projeto se encontra;
- o fato de o design ser responsivo ou não;
- a complexidade da interface;

- o público para quem a documentação será apresentada;
- o uso de ferramentas híbridas, que permitem criar tanto *wireframes* estáticos quanto protótipos interativos.

5.2 Diferenças entre protótipos de média e de alta fidelidade

Como temos exposto, a prototipação é uma das técnicas mais utilizadas para garantir que o produto seja bem-aceito pelo usuário. É uma maneira de esboçar o projeto de um produto ou serviço. Além de permitir certas checagens para a equipe de projeto, essa pré-visualização permite que o cliente acompanhe a evolução do trabalho. Afinal, nenhuma das partes quer ser surpreendida negativamente.

Com a rapidez e a evolução de serviços e produtos fabricados no meio industrial, a prototipagem é também uma possibilidade de visualizar o desenvolvimento e as alterações de produto. São alternativas que podem garantir o sucesso de um produto com potencial de se tornar comercializável.

Para Alcoforado (2007), os vários profissionais têm entendimentos específicos do que sejam os protótipos. Entender essa definição, como demonstramos, é fundamental até para que o trabalho não seja interrompido. O autor esclarece que os designers entendem que o protótipo é um produto em sua escala real, ao passo que os profissionais que trabalham com animação consideram que os *storyboards* são protótipos adequados á produção de filmes e vinhetas.

Esses três tipos de prototipação – de baixa, média ou alta fidelidade – guardam características específicas.

A de baixa fidelidade simula algumas características do projeto. Por não priorizar a questão estética, o protótipo de baixa fidelidade tem ênfase na funcionalidade. Nesse tipo de modelo, geralmente, pretende-se obter um *feedback* de usuários que farão o teste preliminar.

Na etapa do protótipo de média fidelidade, a ideia é unir o teste de funcionalidade e o estético, mesmo que nesse momento ainda não se tenham cores e outros detalhes definidos. Todavia, o projeto de teste, nessa fase, passa a ter uma forma mais definida, com alinhamentos e outras informações. Esse tipo de protótipo é usado, ainda, quando se pretende testar o protótipo e a hierarquia da informação é algo crucial no projeto.

Há casos específicos em que os protótipos de média fidelidade são indicados, quais sejam: organização de ideias; teste de fluxos e tarefas; coleta de *feedback*s em tempo moderado; validação de textos e estrutura da interface. Por serem protótipos que se aproximam da versão final do produto, eles não são recomendados para usabilidades finais – já que estão no meio do processo – e para validação de experiência.

Na criação do protótipo, o objetivo é o principal fator que define o nível de fidelidade. Essa característica pode ser medida por três parâmetros básicos:

1. **Visual**: A definição do tipo de protótipo com base no visual implica um nível de fidelidade que prioriza cores, ícones, botões e demais elementos que compõem a interface de um produto.

2. **Conteúdo**: Nesse caso, o nível de fidelidade é baseado no conteúdo.
3. **Interatividade**: É um elemento que recebe muita atenção por parte do cliente e/ou usuário; logo, o nível de fidelidade está amparado no tipo de comunicação (ou interação) entre quem está utilizando o produto e o próprio produto.

Não existe uma fórmula sobre a escolha do tipo de protótipo, podendo variar conforme a necessidade de cada cliente. O protótipo de baixa fidelidade pode ser executado em um pedaço de guardanapo rabiscado, no qual surgem as primeiras impressões e ideias de um produto. Em outro dado momento, o protótipo de alta fidelidade é visto, por exemplo, em uma apresentação elaborada de um sistema. Logo, esses exemplos demonstram a variedade e as possibilidades de identificação de protótipos em inúmeros setores.

Relembrando, o protótipo de média fidelidade é um pouco mais elaborado que o de baixa fidelidade, mas, ainda assim, não necessita de uma preocupação estética. Esse protótipo também é conhecido como *wireframe*, utilizado quando o foco é validar a arquitetura da informação e a interatividade com os elementos da interface.

Em suma, os protótipos, em geral, são maneiras rápidas e mais eficazes de testar e validar um projeto. Sua importância também reside no fato de ser explicativo, visual e até interativo, possibilitando a execução de testes com o usuário final.

Um ponto de vista interessante é que muitos pesquisadores definem o protótipo como uma versão final de um projeto;

outros estudiosos, porém, acreditam que os protótipos correspondem ao desenho de uma tela, feito em papel, à simulação de vídeo de uma tarefa, a um *mockup* de papel ou cartão, ou a uma peça moldada em metal.

Com isso, independentemente do tipo, o protótipo viabiliza prever a experiência do usuário, tornando-se um produto concreto, fazendo tangíveis os conceitos e as características do projeto.

Até este ponto de nossa abordagem, explicitamos a importância dos protótipos para o processo do design e comentamos a evolução das tecnologias, assinalando como isso impactou as formas de fazer prototipagem. Como resultado, passaram a existir as seguintes possibilidades: a prototipagem virtual, a prototipagem rápida, a ferramenta rápida e a manufatura rápida. Esses novos recursos aumentaram o uso de protótipos no desenvolvimento de projetos no design.

A prototipagem rápida, especificamente, está associada às novas tecnologias por permitir a impressão de modelos em 3D por meio do uso de protótipos virtuais.

Alcoforado (2007, p. 39) apresenta uma definição interessante de protótipo: "artefato físico ou digital desenvolvido para compreender, explorar, avaliar e comunicar um ou mais atributos do produto que está sendo desenvolvido". O autor também ilustra o conceito a partir de uma estrutura visual, relacionando o produto final e o protótipo, conforme mostra a Figura 5.2.

Figura 5.2 – **Relação entre uma ideia (ou também protótipo) e o produto**

Agora nos concentraremos nos protótipos de alta fidelidade. Pela nomenclatura, é possível imaginar que se trata de um protótipo com as funcionalidades e a estética muito próximas da versão final do produto. Esse tipo de protótipo geralmente é desenvolvido quando há tempo disponível e recurso para o projeto, ou em uma fase adiantada.

Os protótipos de alta fidelidade são muito comuns no setor automotivo, por exemplo, pois é necessário testar algumas características físicas do projeto. Também podem ser encontrados na área de desenvolvimento de aplicativos e *sites*.

Alcoforado (2007) cita que, na literatura, alguns autores debatem sobre essa classificação dos protótipos de baixa e alta fidelidade e sobre a sua influência na eficiência do processo no design.

Enquanto os protótipos de baixa qualidade prezam características como facilidade, custo ou tempo, os protótipos de alta qualidade têm um compromisso maior com o produto final.

Neste último caso, a intenção é que o usuário não perceba a diferença entre um protótipo e o produto final.

Para Preece, Sharp e Rogers (citados por Alcoforado, 2007), os protótipos de alta fidelidade devem usar materiais e acabamento semelhantes ao do produto final. As vantagens observadas nessa estratégia são elencadas a seguir:

- Por meio desse tipo de protótipo, existe a condução de testes de usabilidade que permitem assegurar que o produto pode seguir para a fase final, mostrando, inclusive, sua viabilidade. Esses testes permitem apresentar e avaliar com antecedência a funcionalidade do sistema e demais operações. Portanto, os testes de usabilidade podem ser úteis nesse processo.
- O protótipo é um facilitador entre designers e desenvolvedores, assumindo um papel crucial na comunicação. Essa é uma das outras vantagens, quando comparado com os protótipos de baixa fidelidade, por não disporem dessa visualização funcional e da exposição fiel do sistema criado.

As desvantagens são as seguintes:

- Ao passo que os protótipos de baixa fidelidade demandam pouco tempo, os de alta fidelidade demandam uma maior quantidade de tempo e custo para serem desenvolvidos.
- Por tratar-se de alta fidelidade, também é necessário que se tenha aptidões e habilidades específicas, como saber manusear ferramentas de programação.

- Existe uma expectativa dos clientes pela entrega imediata do produto, por se aproximar do produto final e acabado. Isso pode interferir no processo de design.
- Há circunstâncias em que utilizar os protótipos de alta fidelidade pode desfavorecer a implementação de pequenas mudanças no processo, por comodismo da equipe de desenvolvedores ou mesmo pelo cumprimento de prazos.
- Por fim, os protótipos de alta fidelidade não se apresentam como opção apropriada para gerar alternativas conceituais de design.

Na literatura, também se encontram autores como Buskirk e Moroney (citados por Alcoforado, 2007), que afirmam que a prototipagem é um excelente caminho para projetar uma interface do usuário, incluindo *layout* de tela, controles, e outras características gráficas de interfaces dos usuários (Graphical User Interface – GUI).

Nessa perspectiva, os protótipos, especificamente aqueles para produtos digitais, são vistos por alguns pesquisadores como protótipos de interface de *web* ou *softwares* de alta fidelidade que são feitos com o mesmo método do produto final. Isso sugere que também são técnicas mais caras e que requerem um maior tempo para a sua elaboração.

Os protótipos de alta fidelidade têm um sistema operacional totalmente diferenciado e que permite a antecipação de avaliações entre sistemas e usuários.

5.3 Automação de processos e design

A automação de processos faz parte das tecnologias utilizadas para facilitar o trabalho dos designers. Por isso, a automação de processos é tão importante para as empresas nos dias atuais, o que ajuda diretamente no crescimento. Quem trabalha sem se valer das inovações tecnológicas, naturalmente, pode ficar "atrasado" no contexto digital, uma vez que é essencial saber utilizar esses produtos e serviços.

O nome pode parecer complicado, mas esse serviço é amplamente contratado para se identificar "gargalos" e problemas existentes em um processo. Suponha que um profissional é o responsável por desenhar um novo processo de seleção e recrutamento de profissionais para uma editora de livros, e é preciso que, nesse desenho, estejam contidas todas as atividades a serem desempenhadas pelos colaboradores dessa equipe.

Além das atividades, devem haver campos a serem preenchidos. Exemplificando: para a contratação desses profissionais, itens como "data de início do processo", "cargo" e "salário" se enquadram na possibilidade de campo e devem estar destacadas na tela, que está sendo desenhada pelo profissional encarregado por essa tarefa, a qual pode ser realizada com o auxílio de uma tecnologia.

Os processos automatizados podem fazer parte de qualquer área de uma empresa. No contexto do *marketing*, por exemplo, a tecnologia pode contribuir para as vendas e a gestão financeira.

Os processos automatizados entram nesse setor, no de design e em muitos outros, mostrando que qualquer produto ou serviço pode ser automatizado.

Em suma, a automação de processos consiste em transformar etapas que eram feitas de modo manual em técnicas e procedimentos que recebem o auxílio de tecnologia. Ela não serve para substituir a atividade humana; pelo contrário, é utilizada para aperfeiçoar recursos e facilitar o trabalho dos profissionais.

Para ser efetivada, a automação de processos depende de implantação; isso quer dizer que, a partir do momento em que se decide adotar esse método, é preciso garantir sua estruturação de acordo com as diretrizes de uma empresa. Como é uma mudança considerável na forma como a companhia realiza suas tarefas, tudo precisa ser adequadamente planejado.

Esse investimento proporciona facilidades como:

- produção de processos mais flexíveis, responsivos, rápidos e organizados;
- racionalização e nível de serviço elevado.

Para que uma empresa entregue os produtos ou serviços oferecidos com qualidade e dentro do prazo, é necessário que as diferentes tarefas que envolvem o processo de automação sejam devidamente organizadas e, de preferência, que tenham uma dinâmica interessante.

Em resumo, a automação de processos simplifica as ações, agindo na redução de tarefas repetitivas, criando processos mais inteligentes – por isso, a presença também da inteligência artificial (AI – *artificial intelligence*) – e racionalizando procedimentos.

A automação de processos beneficia a integridade do processo; afinal, fazer um processo da forma e no tempo correto está relacionado à eficiência, direcionando os usuários a realizarem a atividade de maneira correta.

Mais uma vez fica evidente que o usuário é central na tomada de decisões dos processos, já que ele é orientado para executar cada tarefa. Caso ele tente fazer algo diferente do planejado, o sistema é capaz de impedir tal ação. A automação de processos reduz tempo e aumenta a eficiência. No campo empresarial, existem inúmeras alternativas para realizar a automação. Entre os recursos mais conhecidos, estão: o Business Process Management (BPM) – ou Gerenciamento de Processos de Negócio –, mais voltado à gestão de toda a companhia, e o Customer Relationship Management (CRM) – ou gestão de relacionamento com o cliente –, que acelera processos de atendimento e relacionamento com o cliente.

Com essas ferramentas, as tarefas manuais podem ser feitas automaticamente, o que reflete em aumento da velocidade de produção, dando à equipe maiores condições para se concentrar na questão estratégica do empreendimento. Isso facilita a análise de diversas outras etapas, garantindo que os profissionais concentrem energias a ações menos burocráticas.

Ao se reduzir a complexidade de algumas tarefas, a produtividade desses profissionais tende a aumentar. A automação de processos torna viável elaborar relatórios mais precisos e eficientes. Outro recurso importante refere-se ao controle de riscos ou à mitigação do processo. Há grande risco de processos não automatizados (ou seja, manuais) darem errado por qualquer falha por parte da equipe. Dessa forma, automatizar processos pode diminuir a quantidade de erros cometidos por pessoas.

Diminuir os custos, sem perder a qualidade do serviço, é um desejo de toda e qualquer empresa. Essa é uma das características da automação de processos, fazendo o reaproveitamento de recursos e visando à diminuição das despesas. De maneira simples, automatizar significa tornar um processo operacional, garantindo maior controle, efetividade e transparência.

No processo de automação de processos é essencial mapear, para que se possa entender quais processos são passíveis de ser automatizados e como isso será realizado. O mapeamento de processos permite, ainda, compreender quais são as etapas sequenciais para a automação. Em um processo de compras, por exemplo, é preciso levar em consideração etapas como cotação, negociação com fornecedores e fechamento da compra.

Como temos exposto, a ação de automatizar está relacionada ao aumento da produtividade, mas a automação não se volta somente para o processo de elaboração de um projeto. Uma agência de publicidade, por exemplo, como um todo pode ser automatizada: a gestão de tempo, de horários, de reuniões, de folgas, férias, tudo isso pode ser feito por meio de *softwares*.

O uso dessas tecnologias aumenta – e muito – a produtividade em qualquer área. Na publicidade, a tecnologia é ainda mais efetiva. Portanto, utilizar as ferramentas certas invariavelmente melhora o ambiente produtivo.

Muitas tarefas repetitivas podem ser automatizadas, retirando-se o elemento humano da ação e passando sua execução para *softwares* integrados. É nesse ponto que, mais uma vez, a integração entre diferentes sistemas de dados ou aplicativos pode fazer toda a diferença.

A automação de processos pode acontecer, por exemplo, quando uma pessoa não precisa ler a informação fornecida por um aplicativo (saída) para digitar em outro (entrada), sendo isso feito automaticamente.

Do ponto de vista prático, imaginemos um *e-commerce* que registra muitas compras por dia. Para cada uma dessas compras, é preciso se emitir uma nota fiscal. Em vez de ter uma pessoa fazendo isso manualmente, consultando os pagamentos aprovados e digitando no sistema de emissão de nota fiscal, esse processo pode ser automatizado.

Esse e outros exemplos demonstram como a automação de processos pode ser uma boa alternativa para as empresas. Em certa medida, essa estratégia facilita a integração de informações. Isso porque, com a automação de processos, os diferentes departamentos da empresa podem finalmente dialogar tendo acesso aos mesmos dados.

Esse é um recurso válido para evitar inserções equivocadas de dados e otimizar o processamento deles. Dessa forma, uma companhia pode ser dotada de um sistema inteligente de logística, fazendo com que todas as etapas sejam aperfeiçoadas.

Nesse caso, a automação permite unir os diferentes bancos de dados dos departamentos de uma organização em um único sistema de informação comum entre eles. Isso permite que setores como a contabilidade e o departamento de recursos humanos tenham acesso facilitado a informações úteis, agilizando a tomada de decisões, bem como permitindo a consulta rápida ao estoque da empresa, o que facilita, principalmente, a ação de profissionais da área de vendas.

Logo, a organização e a integração das informações proporcionada pela automação ajudam a aumentar a velocidade no processamento de dados, algo essencial para dar ritmo às ações da empresa.

Um estudo de caso foi realizado com a implementação de serviços partilhados em um setor da administração pública portuguesa (Correia; O'Neill, 2011). Para a análise, foi desenvolvida uma aplicação financeira assentada em uma arquitetura SOA (acrônimo para Service-oriented architecture, ou arquitetura orientada a serviços), na qual foram automatizados processos de negócio disponibilizados aos utilizadores a partir de 2009.

Entre algumas observações a serem destacadas, os pesquisadores identificaram que a automação permitiu uma redução do tempo despendido em cada pedido, o que se traduz no aumento da capacidade de resposta a clientes de 10 para 22 pedidos por hora para cada operador, e na redução de custos operacionais imputados ao processo. Até 2013, a expectativa era que fosse atingida uma economia de cerca de 186 mil euros proporcionada pela automação do processo (Correia; O'Neill, 2011).

Essa pesquisa é outro exemplo de que a automação de processos tem o potencial de garantir maior eficiência para a empresa, mas também deve ser combinada de forma eficaz com iniciativas de melhoria. Não faz sentido realizar a automação de processos, se não houver uma melhoria contínua do serviço.

Sendo assim, o uso desse tipo de ferramenta é aconselhado para aqueles que desejam otimizar o desempenho dentro de um processo e que almejem reduzir os custos a fim de alcançar seus objetivos.

É válido também buscar consultorias e explicações com profissionais que saibam manusear essas ferramentas. Ao otimizar as informações em todas as fases do fluxo de trabalho, a empresa pode ter destaque na tomada de decisões, com essa ferramenta que muito pode ajudar na organização das informações.

5.4 Expressões regulares (ERs)

Desmistificar o que é expressão regular (ER), também chamada *RegExp* (abreviação do termo em inglês *regular expressions*) e como esse conceito está associado à área do design é um dos desafios desse momento. Entende-se por *expressão regular* um tipo de linguagem de busca de padrões ou mesmo uma das ferramentas úteis para a otimização dos processos. Na programação, por exemplo, existem vários tipos de linguagens. Há estudiosos que acreditam que a mudança, de fato, está na forma como se trabalha e não na lógica e nos padrões em si.

A ER é toda representação para que se encontrem padrões em um texto. O texto pode variar de um valor de um campo de formulário ou somente um *search* (busca) em um editor de código. Independentemente da escolha, o objetivo é filtrar padrões em meio a um volume maior de informação textual.

Um dos passos para entender uma ER é pensar nessa linguagem como uma representação formada por símbolos, os quais representam um tipo de informação. Por exemplo: o ponto (.)

é um curinga. Ele significa que se pode selecionar qualquer caractere, ou seja, qualquer letra, caractere especial ou número, exceto a quebra de linha, que é representada pelo símbolo \n.

Apesar de ser uma linguagem bastante técnica, é importante entender que as ERs são importantes na produtividade de trabalho. Esse tipo de linguagem pode ser elaborado tanto na edição de texto quanto no desenvolvimento de *software* e em outras formas de atuação.

Em qualquer tipo de *software*, sempre existem campos que passam por algumas regularizações. A vantagem de ter esses mecanismos é que os dados informados podem ter valor e forma determinados pelo sistema. Essas validações são como mecanismos de defesa do sistema diante do usuário, pois muitos dos problemas estão relacionados ao mau uso e à gravação de dados incorretos por parte deste.

Um exemplo é quando um sistema autoriza somente letras em alguns campos de preenchimento e o usuário acaba adicionando letras e números. Isso é recorrente no preenchimento de senhas de *e-mails* e redes sociais, por exemplo. Esse tipo de comando pode acarretar problemas, pois, quando esse dado é memorizado pelo sistema, pode ocasionar algum erro relacionado ao banco de dados por somente aceitar letras ou mesmo estourar uma exceção do programa por não saber como se comportar com a informação enviada. Em determinados casos, ocorre o bloqueio total de acesso do usuário.

Na prática, a ER é uma forma de escrever funções mais variáveis. Essa função permite ao usuário selecionar uma quantidade maior de palavras; assim, todo o conteúdo selecionado está classificado em um tipo de padrão, sem, necessariamente, o usuário ter de conferir o documento linha por linha.

A ER está presente em diversas linguagens de programação e faz parte da área de desenvolvimento de sistemas desde 1968, ou seja, não é uma nomenclatura tão atual quanto parece.

O principal objetivo das ERs é realizar validações nos dados de um programa, assegurando que eles estejam em determinado formato. Elas dispensam os mecanismos de buscas usuais do Word, agilizando o trabalho em curso.

Consideremos certos documentos extensos, com os dados de todos os funcionários de uma empresa, dos quais é necessário extrair determinadas informações – como os dados pessoais (o CPF, por exemplo). A ER reconhece que esse tipo de informação segue um padrão de escrita e é capaz de identificar esses dados.

Em suma, a ER é uma sequência de caracteres que define um padrão de buscas em textos. O profissional pode construir as próprias ERs, de modo que se possa aplicar isso na sua área de trabalho. Apesar de ser um contexto de ampla extensão, apresentaremos as cinco categorias em que as ERs são subdivididas:

1. metacaracteres literais;
2. metacaracteres gerais;
3. metaracteres lógicos;
4. metacaracteres quantificadores;
5. metacaracteres posicionais;

Uma ER é formada por vários metacaracteres e caracteres literais. São chamados *metacaracteres* aqueles que servem para representar outros caracteres. São eles: . ? * + ^ | [ ] { } ( ) \

Para transformar um metacaractere em um caractere literal, usa-se o *escape* (\). Por exemplo, representa-se o ponto como caractere literal da seguinte maneira: \.

Em documento elaborado por Jargas (2004), é possível desvendar a linguagem e o significado de símbolos empregados na ER. De acordo com o autor, as ERs podem ajudar a validar textos variados, como data, horários, números de IP, endereços de *e-mail* e de internet, declaração de uma função, dados na coluna *N* de um texto, número de telefone, RG, CPF, cartão de crédito e outros.

Cada um dos metacaracteres tem uma função específica. Eles servem para dar mais poder às pesquisas, informando padrões e posições impossíveis de se especificar usando-se exclusivamente caracteres normais.

Os metacaracteres também são elementos simples que, quando agrupados entre si ou combinados a caracteres normais, formam algo maior, uma expressão. O importante é compreender bem cada elemento para, depois, lê-los em sequência (Jargas, 2004).

Deixando um pouco de lado as nomenclaturas e buscando visualizar situações do cotidiano, há casos em que algumas empresas simplesmente buscam automatizar processos para aumentar a eficiência e diminuir custos de atividades, acreditando que se trata de meramente substituir ações manuais por automatizadas.

Na verdade, a automação de processos vai muito além disso. Sem uma solução integrada de automação empresarial que permita acompanhar o desempenho dos processos em tempo real, seus esforços não passarão de ações independentes. Para a efetiva melhoria de processos, ganhos de eficiência e redução de custos do negócio, a automação de processos deve atuar em vários componentes. Por exemplo: a troca de *e-mails* longos e a presença de documentos em várias versões complicam o trabalho dos usuários envolvidos. Os participantes ficam perdidos no caos entre as comunicações indiretas, correções e prazos não cumpridos, pois não há controle nem acompanhamento do trabalho.

Como a temática das ERs abarcam vários outros assuntos, alguns focados em linguagens para programadores, passaremos brevemente por esse tema enfocando, aqui, a linguagem **Awk**. Conforme Jargas (2016), Awk é uma linguagem antiga, de 1977, que combina o processamento de textos com estruturas de uma linguagem genérica, possuindo condicionais, operações aritméticas e afins. Além do Awk clássico do Unix, existe o GNU Awk, conhecido como Gawk, que oferece algumas funcionalidades novas e um melhor suporte às expressões regulares. O Gawk é amplamente utilizado em sistemas Linux.

De maneira mais aprofundada, Jargas (2016) diz que as expressões regulares integram a linguagem e que:

> Basta colocar uma expressão entre barras que o Awk saberá que aquilo não é uma string, e sim uma expressão regular com metacaracteres. Se sua expressão possuir uma barra /, lembre-se de escapá-la \/ para evitar problemas. O operador til ~ é usado para fazer comparações de strings com expressões regulares. Para uma comparação inversa, em que o teste retornará sucesso se a expressão não casar com a string, use o operador !~. (Jargas, 2016, p. 104)

Essas explicações reforçam que, para se obter os resultados esperados com as ERs, é preciso que a compreensão teórica esteja em harmonia com a prática. Aliás, a prática é essencial para o desenvolvimento e a compreensão dos caracteres e de como organizá-los em processos do projeto.

Muitos profissionais das áreas de ciência de dados, analistas, programadores e, em alguma medida, do design, precisam lidar com as ERs em certos pontos do processo e do desenvolvimento de seus projetos. Por isso, é fundamental desmistificar que aprender determinados conceitos cabe apenas aos profissionais da programação visual e digital.

Essa linguagem diferenciada é usada para encontrar padrões complexos de texto e pode parecer complicada e intimidadora no início. No entanto, as ERs são um tipo de ferramenta poderosa que requer apenas um pequeno investimento de tempo para que se aprenda a manuseá-las.

Portanto, as ERs são praticamente universais e são capazes de lidar com inúmeros tipos de dados. Várias plataformas de análise de dados e linguagens de programação as suportam, incluindo SQL (Structured Query Language, ou Linguagem de Consulta Estruturada), Python, R, Alteryx, Tableau, LibreOffice, Java, Scala, .NET e Go.

Os principais editores de texto e IDEs (Integrated Development Environment, ou ambiente de desenvolvimento integrado), como o Atom Editor, o Notepad ++, o Emacs, o Vim, o Intellij IDEA e o PyCharm também suportam a pesquisa de arquivos com ERs, bem como ferramentas conhecidas como: Google Analytics, Tag Manager, Optimizer e muitas outras. Essa variedade de plataformas mostra que as ERs podem ser usadas em quase todos os tipos de sistemas.

BongkarnGraphic/Shutterstock

CAPÍTULO 6

PERSPECTIVAS MUTÁVEIS: TECNOLOGIA, COMUNICAÇÃO E DESIGN

6.1 Realidade aumentada aplicada ao design

As tecnologias digitais, a comunicação e o design estão interligados. Há uma estrutura que conecta as linguagens e a comunicação em um contexto digital e tecnológico fundamental nos dias de hoje. O design é parte desse processo que envolve uma dinâmica de mudanças e transformações.

Discutir sobre as perspectivas futuras de um campo como o design é desafiador, já que outros processos estão superpostos a ele. É o caso de tecnologias como o CAD (*Computer Aided Design*) e a realidade virtual (VR, do inglês *Virtual reality*), que já estão incorporadas ao design. Além disso, está em curso um conjunto de fenômenos, como o que envolve a Internet das Coisas (IoT, do inglês *Internet of Things*), em que os dispositivos passam a se conectar à tecnologia, havendo eletrodomésticos inteligentes, por exemplo. A onipresença da comunicação e o Big Data (o grande volume de dados disponíveis, um banco de dados infinito disponível *on-line*) são outras facetas dessa nova configuração do mundo.

Trataremos agora da **realidade aumentada** (AR, do inglês *augmented reality* – também referida na literatura da área como RA), área que está sendo explorada pelos designers. Apesar de semelhante à realidade virtual – que detalharemos a seguir –, que busca introduzir o indivíduo em um ambiente totalmente distinto do mundo real, a AR mantém o usuário atento ao mundo real. Essa tecnologia surge para unir o mundo real com o mundo virtual.

Para Azuma (1997), um sistema de AR deve ter três caraterísticas essenciais:

1. combinar o real com o virtual;
2. ser interativo em tempo real;
3. alinhar os objetos reais e virtuais em 3D.

Essas vantagens, inclusive, envolvem operações com voz, gestos, tato, facilitando a interação do usuário, sem a necessidade de treinamento.

Fernandes e Sánchez (2008, p. 29), por sua vez, definem a realidade aumentada da seguinte maneira: "uma variante da realidade virtual. As tecnologias de realidade virtual imergem por completo o usuário num ambiente sintético. [...]. Portanto, a realidade aumentada complementa a realidade, em lugar de substituí-la".

Especialistas em tecnologia do *site* TecMundo (2009) acrescentam que um elemento básico para a existência do dispositivo são câmeras capazes de manifestar a imagem do objeto real, assim como *softwares* que venham a interpretar o sinal transmitido pela câmera ou dispositivo.

Portanto, a tecnologia AR possibilita essa extensão do ambiente real, contribuindo com elementos interativos que precisam estar sincronizados com elementos reais. Essa alternativa de uso e trabalho, abre caminhos para se desenvolver um trabalho inovador.

Os designers passam a contar com uma opção para seus projetos. Entretanto, é preciso salientar que esse recurso deve ser analisado do ponto de vista de investimento e custo-benefício.

A complexidade desses materiais exige profissionais que dominem as ferramentas. A esse respeito, Tori (2009) chama atenção para o cuidado necessário e decisivo ao se empregar uma solução baseada em tecnologia AR, a fim de evitar decisões precipitadas.

A área de design de produtos utiliza-se da AR quando constrói modelos em escalas ou maquetes recorrendo a dispositivos tecnológicos. Na prática, os usuários podem interagir com os objetos de uma forma natural. Trata-se de uma ferramenta efetiva de produtividade para o design, configurando-se como um campo em plena expansão. Ademais, há outras vantagens oferecidas pela AR ao design, ela:

> pode ajudar os designers a compreender um espaço de forma mais eficaz, permitindo a eles visualizar e interagir com seus projetos de forma mais intuitiva. Uma abordagem multidisciplinar na investigação e desenvolvimento realizados em parceria com os potenciais usuários dessa tecnologia tem grande chance de ampliar o seu uso. (Fernandes; Sánches, 2008, p. 44)

Em síntese, essa ferramenta possibilita novas formas de trabalho, desempenho e inovação, além de formas de interação do ser humano com as máquinas, bem como eleva o potencial para melhorias no processo e na qualidade do design. O que os estudos apontam é que a principal tecnologia que assistirá os designers será justamente a AR.

A AR destaca-se em diversas áreas do design: de produtos, educacional, de interiores e de informação. Visto que o campo permite a interatividade do usuário com objetos virtuais, a realidade aumentada vem sendo experimentada nesses diferentes segmentos. A finalidade é que o designer visualize e interaja de modo mais intuitivo com os projetos criados de uma maneira mais intuitiva.

Romão e Gonçalves (2013) comentam sobre a utilização da AR no design de produto. As autoras explicam que os designers constroem modelos para a avaliação e, em seguida, para a aprovação do projeto. O uso desses dispositivos permite a compreensão das características do design, que são experimentados de maneira visual e palpável como um produto digital.

No caso do design de interiores, a AR é aplicada a um cenário mostrado para o cliente. São selecionados modelos 3D de móveis que aparecem em microcomputadores, juntamente com a imagem do ambiente – capturada por uma câmera –, proporcionando a sensação de que os móveis verdadeiramente estão naquele ambiente projetado.

Uma das principais características da AR, sob a perspectiva do design, é a interatividade da tecnologia, dos objetos virtuais e do usuário/cliente. Para Romão e Gonçalves (2013, p. 31), "Um dos aspectos mais promissores da RA é que ela pode ser usada de forma visual e interativa de aprendizagem, permitindo a sobreposição de dados para o mundo real tão facilmente como ela simula processos dinâmicos".

Outra área segmentada do design é de informação, que tem despertado para o uso da tecnologia. Tori, Kirner e Siscouto (2006) mencionam os desafios que os designers de informação enfrentam ao utilizar a tecnologia em seus trabalhos. A nova mídia, para ser bem-aceita na área, precisa ser empregada com boas práticas e ser fundamentada na área da comunicação e do design. Tori (2009, p. 47) afirma que "Em lugar de passar do papel para o monitor, esses profissionais precisarão migrar do monitor para o ambiente real, que se torna o 'dispositivo de saída' para suas criações virtuais". Isso implica dizer que os profissionais precisam dominar essas tecnologias e suas linguagens, buscando ampliar suas possibilidades de uso.

Algumas empresas, como é o caso da *startup* britânica Curiscope, misturam a AR com outros elementos da ciência e da educação. O objetivo da *startup* é tornar os produtos mais acessíveis; um dos que ficaram mais populares foi a Virtuali-Tee, a qual consiste em uma camisa que, acompanhada de um celular com o *app* da empresa, projeta com a maior precisão possível a posição dos órgãos internos e mostra como funcionam, apresentando informações sobre eles.

Esse e outros exemplos que poderíamos citar mostram que a tecnologia apresenta diferentes formas de apresentação e uso, por meio de experiências individuais, coletivas e/ou colaborativas. Uma das modalidades difundidas é a *Screenbased video see--through displays*. De modo prático, ela funciona utilizando um computador com uma câmera e um cartão de papel com uma figura desenhada sobre ele.

Na academia, uma pesquisa buscou identificar a contribuição do uso da AR aplicada ao design de informação de emergência. Uma das formas de exibição da realidade aumentada apresentada foi por meio de um *software*. Teve-se, como exemplo, o programa Bulidar e outros *softwares* gratuitos disponíveis na *web*. Conforme Romão (2014), o computador é capaz de visualizar e analisar a figura impressa no cartão de papel, identificando-a e descobrindo sua posição e inclinação no espaço.

Sobre os investimentos, BusinessWire (2018) avaliou que até 2023 o mercado de realidade aumentada valerá 60 bilhões de dólares. Já a Orbis Research (2017) prevê que ele valerá 165 bilhões de dólares até o ano de 2022. Obviamente, essa variação entre as projeções se dá pela dependência do avanço de outras tecnologias, como a internet 5G, os *hardwares* para óculos AR e dispositivos *mobile*.

Apesar dessas evoluções, é preciso destacar que a utilização da tecnologia AR é relativamente recente, o que resulta em constante evolução e mudanças para a melhoria de sistemas. No entanto, os sistemas atuais de AR precisam ser adaptados ao ambiente e ao utilizador enquanto não se atinge um sistema perfeito.

Ferreira (2014), ao realizar um levantamento bibliográfico e de informações sobre esse assunto, identificou quatro sistemas que integram a tecnologia:

1. sistema de visão ótica direta (Optical Seethrough Head Mounted Displays);
2. sistema de visão direta por vídeo (Video See Through Head Mounted Display);
3. sistema de visão por vídeo baseado em monitor (Monitor-Based Augmented Reality);
4. sistema de visão ótica por projeção (Projector-Based Augmented Reality).

O sistema de **visão ótica direta** é o mais difundido, principalmente porque está ao alcance de todas as pessoas e é o mais econômico. Esse sistema pode ser apresentado por meio de óculos ou de um capacete. Ele alia e adapta as imagens virtuais ao ambiente real, ou seja, as lentes recebem a informação ou a imagem em tempo real, permitindo simultaneamente a projeção de imagens virtuais.

O **sistema de visão direta por vídeo** é composto de um capacete com, no mínimo, duas microcâmeras, e é de fácil implementação. Na prática, essas câmeras conseguem captar todo o ambiente real; a informação é recolhida, processada e "aumentada" por gráficos e imagens que se sobrepõem ao plano real.

Por sua vez, o **sistema de visão por vídeo baseado em monitor** demanda que a câmera de vídeo capte a imagem real. Em seguida, a imagem do tempo real é combinada com imagens virtuais, geradas pelo computador, permitindo sua visualização em um monitor. Esses objetos virtuais são produzidos por marcadores fiduciais, que permitem acrescentar a virtualidade ao ambiente real.

Já nos **sistemas de visão ótica por projeção**, as imagens ou objetos virtuais são projetados em ambientes, como modelos complexos à escala, contendo cidades, paredes coloridas ou superfícies lisas. Esse sistema de visão ótica não proporciona ao usuário interação com o ambiente – diferentemente de outros mencionados –, a não ser que haja dispositivos de entrada. O utilizador tem uma visão abrangente da projeção, além de ter a vantagem de não cansar a visão. A desvantagem é ser limitado às condições do ambiente para a sua projeção. Uma vez que depende das circunstâncias da luz e do espaço, sua visualização pode ser, muitas vezes, problemática.

Além do design, a AR é utilizada no jornalismo móvel, visto que existe a possibilidade de se acrescentar camadas de informação virtual sobre imagens reais, adaptando a informação para algo mais elaborado. No campo da informação para dispositivos móveis, as imagens em 3D e as panorâmicas de 360° também podem ser consideradas AR.

Canavilhas (2013) aborda alguns casos em que a sobreposição de informação virtual é possível com o auxílio da câmera de vídeo integrada em *smartphones* e *tablets*. Uma das possibilidades é a oferta de conteúdos multimidiáticos. O autor explica que podem ser oferecidas imagens, por exemplo, de reconstruções ou antecipações de edifícios, ligando essas imagens a informações sobre o espaço em que se integra, configurando um tipo de investimento na qualidade da informação.

6.2 Realidade virtual: conceitos e aplicações

Em 1950, um cineasta concebeu o primeiro dispositivo que propiciava a imersão dos sentidos do usuário em um mundo virtual tridimensional. Em 1960, um engenheiro construiu o primeiro capacete de realidade virtual (VR, do inglês *virtual reality*, também indicada na literatura por RV) e, Jaron Lanier, artista e cientista da computação, na década de 1980, propôs o termo *realidade virtual* (Tori; Kirner; Siscouto, 2006).

A VR surgiu como uma nova necessidade sobre a geração de interface na medida em que, usando representações tridimensionais mais próximas da realidade do usuário, permite romper a barreira da tela, além de possibilitar interações mais naturais. Em boa parte dos casos, seu uso está voltado para o entretenimento, mas há muitas outras possibilidades de uso. Apesar das vantagens da VR, a tecnologia necessitou de outros equipamentos para a vivência de experiências, equipamentos próprios, como capacete, luva, óculos estereoscópicos, *mouses* 3D, transportando o usuário para o espaço da aplicação, onde realizaria as interações.

Além disso, esse deslocamento do usuário para o ambiente virtual (desconhecido) causava um estranhamento inicial e dificuldades de interação, exigindo, por vezes, adaptação. Tais dificuldades geraram impasses para a ampliação e a popularidade da VR como uma nova interface do usuário. Com o passar do tempo, a tecnologia evoluiu e, hoje, é composta de sistemas computacionais vestíveis para criar ambientes virtuais que provocam efeitos visuais, sonoros e até palpáveis que permitem a imersão completa no cenário simulado.

Não se sabe ao certo como a realidade virtual pode transformar o mercado e as empresas. São fortes a presença e a implicação da tecnologia nos jogos digitais, no jornalismo, na ciência e no empreendedorismo. Com o surgimento e a evolução da computação gráfica, a expectativa é que o mercado seja impactado positivamente em diferentes setores.

Os profissionais da atualidade precisam estar cientes de que trabalhos que exigem lógica e perfil analítico, como os de telefonistas, de atendentes e outros cargos operacionais, podem ser substituídos por algoritmos e *bots*. Mas a previsão de vagas a serem abertas em virtude dessa tecnologia mostra uma tendência muito forte de transformação do mercado (em verdade, já em curso).

No empreendedorismo, muitas são as empresas que têm adotado a VR como forma eficaz de validar os protótipos de seus produtos e serviços e treinar e/ou ensinar os funcionários e alunos. A tecnologia VR oferece, atualmente, uma opção financeiramente acessível para a solução de diversos problemas, estando ao alcance de diferentes empresas e instituições (Valerio Netto; Machado; Oliveira, 2002).

O avanço das pesquisas científicas na VR tem apresentado efeitos, contemplando a melhora da qualidade de dispositivos de *hardware*, como capacetes de visualização, luvas e óculos mais leves e com mais recursos. Essas mudanças despertam maior interesse dos setores industriais e tendem a expandir o número de usuários e de aplicações no mundo. Atualmente, é possível, com um computador pessoal, construir e explorar ambientes de VR.

É comum a confusão da VR com animação, CAD ou multimídia. Para diferenciar essas áreas, citamos Merino (2000), que define CAD como os sistemas computacionais utilizados por ciências como engenharia, geologia, arquitetura e design para facilitar a execução de seus trabalhos. Conforme Leston (1996), a VR, quando comparada com essas outras tecnologias, é:

- orientada ao usuário, ao observador da cena virtual;
- mais imersiva, por oferecer uma forte sensação de presença dentro do mundo virtual;

- mais interativa, pois o usuário pode modificar e influenciar o comportamento dos objetos;
- mais intuitiva, pois existe pouca ou nenhuma dificuldade em manipular as interfaces computacionais entre o usuário e a máquina.

Como podemos observar, existem muitas maneiras de definir, explicar e expor o que é a VR, o que é devido, em parte, à natureza interdisciplinar da área e também a sua evolução; isso também é assim porque os sistemas de VR, em algum grau, são desdobramentos de sistemas computacionais de mesa, simuladores, entre outros (Kirner, 1996).

A VR ainda é campo de estudo nas pesquisas científicas acadêmicas. Valerio Netto, Machado e Oliveira (2002) enfatizam algumas características da VR, classificada como uma tecnologia imersiva, interativa e envolvente. De acordo com os autores, a ideia de **imersão** envolve fazer parte de determinado ambiente. Normalmente, os sistemas imersivos demandam o uso de capacete de visualização, cavernas ou outros tipos de artifícios.

Além do fator visual, dispositivos ligados aos demais sentidos do corpo humano também são importantes para o sentimento de pertença proporcionada pela imersão na VR. O som, o posicionamento automático da pessoa e dos movimentos da cabeça, e os controles reativos são sentidos ligados à imersão.

Já a **interação** está associada à capacidade de o computador detectar as entradas do usuário e modificar, instantaneamente, o mundo virtual mediante ações praticadas por ele.

As pessoas são seduzidas por uma boa simulação, em que elas podem ter o domínio das cenas e as imagens mudam conforme seus comandos, uma característica marcante dos *videogames*.

Por fim, a ideia de **envolvimento** corresponde ao grau de motivação para o engajamento de uma pessoa em determinada atividade. Esse envolvimento pode se dar de maneira passiva, como fazer uma leitura ou assistir televisão, ou de maneira ativa, ao participar de um jogo competitivo.

Ademais, um aplicativo de VR pode proporcionar resultados de três diferentes tipos: passivo, exploratório ou interativo. É válido analisarmos essas três descrições pelas explicações de Valerio Netto, Machado e Oliveira (2002). A seguir, apresentamos cada uma delas.

A primeira, a passiva, mostra que é proporcionada ao usuário uma exploração do ambiente automática e sem interferência. O usuário não tem controle – já que os passos são comandados pelo *software* –, exceto para sair da sessão.

No caso de uma sessão de realidade virtual exploratória, é proporcionada uma exploração do ambiente dirigida pelo próprio usuário. O participante pode escolher a rota e os pontos de observação, e as entidades virtuais do ambiente respondem e reagem às ações do participante. Por exemplo, se o usuário move o ponto de observação em direção à porta, ela pode parecer abrir-se, permitindo ao participante passar por ela.

Para Valerio Netto, Machado e Oliveira (2002), a VR permite a exploração de um ambiente virtual e propicia a interação do usuário com o mundo virtual dinâmico. Embora a percepção visual seja o sentido primário do ser humano, outros sentidos também devem ser estimulados para proporcionar uma completa imersão, entre os quais o retorno auditivo, o tato e a força de reação.

Há alguns anos, foi criado o Tiltbrush, uma plataforma aberta em que quaisquer desenvolvedores e designers podem experimentar e usar uma parte ou todo o código em suas próprias aplicações e jogos. Ele também é considerado uma espécie de ferramenta que permite desenhar objetos e formas em 3D, usando óculos de realidade virtual, entre outras funcionalidades.

Na maioria das vezes, o projetista é o intermediário entre o cliente e outros profissionais que auxiliarão na execução do projeto. Tal papel deve estar claro para o cliente. "O designer é um profissional da interlocução. Seu projeto está sempre ligado a outros projetos ou a outras áreas" (ADG Brasil, 2003).

A noção de **ambiente virtual colaborativo** (CVE, do inglês *collaborative virtual environment*), começou a se popularizar concomitantemente com o termo *ciberespaço,* que foi difundido na obra *Neuromancer,* de William Gibson (2016), publicada originalmente em 1984. Alguns pesquisadores, por outro lado, preferem utilizar uma definição mais ampla de CVE, desvinculada da representação gráfica tridimensional. Nesse caso, CVEs são definidos como espaços compartilhados, 3D, 2D, ou baseados em texto, nos quais as pessoas se encontram e interagem com outras pessoas, com agentes e objetos virtuais. Valerio Netto, Machado e Oliveira (2002, p. 21) assim se posicionam sobre os ambientes virtuais colaborativos:

O que caracteriza a área de ambientes Virtuais Colaborativos (do inglês Collaborative Virtual Environments – CVE) é a interação de uma pessoa com um mundo virtual 3D, o que coincide até aqui com a RV, diferindo no contexto de coletividade. Neste caso, pretende-se integrar várias pessoas distantes fisicamente ao mesmo mundo artificial, querendo torná-lo o mais natural possível e vencendo a barreira da distância por meio da comunicação em rede.

Em verdade, o CVE não somente coincide, mas também usa a tecnologia de AR distribuída para suportar o trabalho em grupo. Ademais, um CVE deve oferecer acesso simultâneo multiusuário a um sistema de realidade virtual que permita realizar um trabalho cooperativo. Igualmente, o sistema deve suportar as necessidades dos usuários que pretendam trabalhar em conjunto dentro do espaço virtual partilhado, onde interagem e se valem dos recursos de informação disponíveis.

Outro conceito que engloba uma área afim à VR são os cenários virtuais. Albuquerque (1999) alerta que, apesar de terem sido recentemente rediscutidos, existem alguns *softwares* comerciais para esse fim e poucos trabalhos desenvolvidos nas universidades, consequentemente, há pouca informação técnica disponibilizada.

Nos cenários virtuais, o consumidor direto são as empresas de televisão que têm usado, frequentemente, esse tipo de tecnologia para suas transmissões. No processo de cenários virtuais, tem-se, de forma genérica, uma imagem filmada por uma câmera em um cenário real, composta com uma imagem gerada por computação gráfica para criar a imagem final.

6.3 Inteligência artificial: como identificá-la

Considerada um ramo da ciência da computação, a inteligência artificial (AI, do inglês *artificial intelligence*) está presente em diversas áreas de ensino, pesquisa e mercado de trabalho. Em experimentos do jornalismo, por exemplo, a agência de notícias chinesa Xinhua realizou, em 2018, o experimento de ir ao ar com um jornalista âncora de TV virtual construído por inteligência artificial. Após a "contratação" do jornalista, a empresa anunciou que outra jornalista virtual, chamada Xin Xiaomeng, também seria criada com os mesmos recursos tecnológicos. Estima-se que pelo menos 3,4 mil reportagens já teriam sido veiculadas com o uso de jornalistas virtuais.

Recentemente, no campo da saúde, o mundo foi acometido pelo coronavírus e se buscou incessantemente a fórmula de uma vacina para prevenir a doença causada por esse agente; nesse processo, os cientistas apostam no uso de máquinas para auxiliar no combate ao vírus. Algumas delas foram usadas para monitorar febre e outros sintomas da doença. Conforme cientistas, os robôs também poderiam substituir seres humanos em situações de risco de contaminação.

Essas situações que envolvem a AI podem ser assustadoras para algumas pessoas. O fato é que trabalhar com máquinas que reagem e respondem inteligentemente já é uma realidade colocada em prática por muitos cientistas do mundo inteiro.

Teixeira (2019) propõe uma reflexão sobre um dos grandes diferenciais da AI: a produção do comportamento inteligente. Entretanto, não basta criar máquinas que reproduzam os comandos que já utilizamos no dia a dia e afirmar que isso é inteligência artificial; em verdade, essas máquinas precisam imitar a atividade mental humana.

Pereira (2009) analisou como a AI está se desenvolvendo ao longo dos anos. De acordo com o autor, podemos identificar as seguintes fases:

> **(1943-1950)** No início, as pesquisas ainda estavam focadas em modelos de neurônios artificiais (McCulloch & Pitts, 1943), o que permitiria o desenvolvimento de máquinas que fossem capazes de aprender.
>
> **(1951-1969)** Em seguida, surgiram também os primeiros programas capazes de jogar xadrez (Shannon, 1950 e Turing, 1953), provar teoremas de lógica e imitar a forma de raciocínio dos seres humanos (Newell & Simon, 1956), planejar tarefas (Green, 1963), comunicar-se em linguagem natural (Green, 1963), aprender por analogia (Evans, 1968) e analisar estruturas moleculares (Buchan et al., 1969). [...].
>
> **(1970-1980)** Nessa fase, os pesquisadores começaram a encontrar dificuldades relacionadas ao armazenamento de dados e ao tempo de processamento. Com o surgimento da *Teoria da Complexidade Computacional* (Cook, 1971), ficou comprovado que a solução desses problemas não dependia apenas de memória adicional ou de processadores mais rápidos. Em consequência disso, muitas das expectativas se mostraram impossíveis e o entusiasmo na área diminuiu.
>
> **(1981-presente)**: Em 1981, os japoneses anunciaram um projeto de computador de *quinta geração* que teria PROLOG como linguagem de máquina e seria capaz de realizar milhões de inferências por segundo. Receando o domínio japonês, grandes investimentos começaram a ser feitos na Europa e nos Estados Unidos. Em decorrência desse fato, a IA voltou a ser uma área de pesquisa muito ativa; sendo que, atualmente, está voltada principalmente para aplicações práticas em áreas específicas, tais como manufatura, robótica, visão, etc. (Pereira, 2009, p. 3)

Explicitados o objetivo e a evolução da AI, é importante salientar que a tecnologia não visa substituir completamente a tomada de decisão humana, mas para reaplicá-la em certos tipos de problemas bem-definidos (Silva; Spritzer; Oliveira, 2004). Posteriormente, alguns pesquisadores reformularam seus conceitos iniciais em relação à construção de máquinas imitando as conexões neurais do cérebro humano. Conforme Jordan Pollack, da Universidade de Brandeis, o objetivo seria obter alguma funcionalidade. Assim como em outros sistemas de informações, o propósito maior das aplicações da AI nas empresas é auxiliar as organizações a alcançar suas metas.

Nos tempos atuais, a inteligência artificial também está presente em aplicações da vida cotidiana, como em jogos eletrônicos, programas de computadores, aplicativos de segurança para sistemas informativos, robótica (robôs auxiliares), dispositivos para reconhecimentos de escrita à mão e reconhecimento de voz – a exemplo da Alexa e do Google Assistant –, programas de diagnósticos médicos e outros.

No campo da ficção científica, a AI se manifesta em histórias literárias, desenhos animados e filmes. Um escritor de grande destaque é o russo Isaac Asimov, autor de narrativas de sucesso como *O homem bicentenário* e *Eu, Robô*. Ambas receberam adaptações para o cinema. Outra história que despertou o interesse do público foi o filme *AI: inteligência artificial*, dirigido por Steven Spielberg.

Outros filmes, como *2001: uma odisseia no espaço*, dirigido por Stanley Kubrick, *Matrix*, de Lilly e Lana Wachowski, e *Exterminador do Futuro*, dirigido por James Cameron, ilustram como a humanidade pode ser subjugada por máquinas que conseguem "pensar" como o ser humano e serem mais frias e indiferentes à vida do que indivíduos de carne e osso (Ciriaco, 2018).

Certas categorias dos sistemas estão incluídas na AI; uma delas é o Teste de Turing. Proposto por Alan Turing (1912-1954), o sistema foi desenhado de forma a produzir uma definição prévia de inteligência. Turing qualificou como comportamento inteligente a habilidade de um sistema alcançar um desempenho compatível ao nível de um ser humano em tarefas cognitivas, de forma a conseguir, possivelmente, confundir uma pessoa que o estivesse a interrogar.

Na prática, no teste, um computador era interrogado por uma pessoa, sem que esta estivesse vendo que estava "conversando" com um computador. A máquina passaria no teste se a pessoa não conseguisse identificar se estava falando com um computador ou com outro ser humano.

Além dessa experiência, há pesquisadores que acreditam que os espaços sociais nos quais os seres humanos agem têm sido relegados a um segundo plano. Com os avanços em tecnologia da informação e comunicação, torna-se necessária a introdução de um novo paradigma que considere interações sociais entre os agentes inteligentes.

De acordo com Bazzan (2010), existe uma diferença entre a AI e os sistemas multiagentes. Ambos consideram o agente parte de um espaço social, de maneira que os estudos estão interligados. A AI se preocupa com a investigação de porções de informação sem necessariamente considerar como elas interagem; já "um sistema multiagente tenta investigar informação como um fenômeno social, o que se tornou importante dado o atual contexto onde unidades embarcadas de processamento são ubíquas" (Bazzan, 2010, p. 112).

É necessário frisar que há uma variedade muito grande de problemas e aplicações que podem ser solucionadas com a AI.

Um dos caminhos possíveis é utilizar módulos de AI que possam ser acrescentados aos *softwares* como pacotes opcionais, podendo ser vendidos ou alugados separadamente. Existem bibliotecas de inteligência artificial com informações já prontas, gratuitas e para uma gama muito grande de linguagens de programação, ou seja, o processo mais complexo de entendimento e programação de novos algoritmos não é necessário, pois tudo já está desenvolvido e acessível.

Uma das partes fundamentais da inteligência artificial é o *machine learning*, cuja história começou em 1959, com o pioneiro da AI, Arthur Samuel, engenheiro do Massachusetts Institute of Technology (MIT). Foi ele quem criou o termo naquele mesmo ano, descrevendo o conceito como "um campo de estudo que dá aos computadores a habilidade de aprender sem terem sido programados para tal" (Samuel, citado por Canaltech, 2017).

Apesar de os termos *machine learning* e *inteligência artificial* estarem associados, eles têm conceitos e funções diferentes. Na verdade, a AI inclui o aprendizado de máquina como um dos seus recursos. O *machine learning*, por sua vez, é um método de análise de dados que automatiza a construção de modelos analíticos, sendo um ramo da AI; ele se baseia na ideia de que sistemas podem aprender com dados, identificar padrões e tomar decisões com o mínimo de intervenção humana.

Embora diversos algoritmos de *machine learning* existam há muito tempo, a capacidade de aplicar cálculos matemáticos complexos ao Big Data automaticamente foi desenvolvida recentemente. Alguns exemplos são os carros autônomos da Google; as ofertas recomendadas, como as do *site* da Amazon e da Netflix; e a possibilidade de uma empresa recorrer ao Twitter para saber o que seus clientes estão falando a respeito dela.

6.4 Perspectivas futuras para o design

Uma das características fundamentais do design é sua interdisciplinaridade, conforme expusemos nesta obra. Realizamos um levantamento bibliográfico, tanto no campo digital quanto no físico, abrangendo cientistas e pesquisadores que têm se dedicado, nos últimos anos, a pesquisar sobre o design em diferentes localidades. Nesse sentido, destacamos a relevância dos trabalhos acadêmicos. Isso porque muitos dos dados coletados nas universidades foram transformados em produtos e serviços executados, posteriormente, pelo mercado de trabalho. Por outro lado, algumas projeções somente foram possíveis com o desempenho dos profissionais designers que estão ligados ao mercado, e não necessariamente aos pesquisadores.

Com isso, percebemos que esse trabalho só é possível com a junção de esforços e disciplinas. A educação, os dados e a ciência são de extrema importância para o avanço do profissional, das descobertas e, naturalmente, para o futuro em uma sociedade conectada, da informação e em rede (Castells, 1999).

Silva et al. (2012) analisaram que as perspectivas de evolução da pesquisa em design, no Brasil são promissoras. Examinando os anais de um dos principais eventos científicos de design do país, o Congresso Nacional de Pesquisa e Desenvolvimento em Design (P&D Design), conclui-se que o número de publicações está em vertiginosa expansão.

No design, outras mudanças também se fizeram notar na gestão de projetos, soluções digitais, desenvolvimento de serviços e na inovação introduzida pelo *design thinking*, cujos pontos principais analisamos neste material. Essa abordagem propõe a solução de problemas a partir de um jeito próprio de pensar e desafiar as regras convencionais. Com isso, o designer reflete livremente e se inspira em fontes distantes do que está sendo criado ou solucionado.

Outro campo em que se faz perceptível o desenvolvimento com vistas ao futuro da profissão é o UX design, uma área no design de experiência do usuário. Essa aplicação está intimamente atrelada ao aperfeiçoamento das novas tecnologias digitais. Na prática, esse é um campo que se preocupa com a relação entre o usuário e o produto e/ou serviço, buscando torná-la mais atrativa e interessante.

Essa interatividade pode ser verificada em *sites*, aplicativos de celulares, nos dispositivos móveis e em muitas outras ferramentas. Ao ter o usuário como centro de seu trabalho, os designers e outros profissionais envolvidos no projeto devem buscar compreender quais os desejos e as expectativas do usuário para, com base nisso, criar um ambiente satisfatório e eficiente.

O design de interfaces (UI, do inglês *user interface*), por seu turno, é uma área que está intimamente relacionada com o UX design, pois, em muitos contextos, a experiência do usuário é mediada por uma interface (entendida aqui como aquilo que pode ser lido e compreendido pelo usuário).

A constante evolução das áreas de UX e UI vem transformando a maneira como realizamos tarefas cotidianas, como pagar contas, fazer compras, trabalhar e interagir com conteúdos na *web*, além dos relacionamentos com outras pessoas. Há alguns anos, especialistas já comentavam que o design inscreveria a AI no cotidiano das pessoas. Isso aconteceu e continua acontecendo, impactando no desenvolvimento de habilidades dos profissionais.

Novamente, nota-se a importância de se valer dos conhecimentos do *design thinking* para desenvolver projetos. No futuro, não haverá o "monopólio" da criatividade e, a fim de se manter competitivo, o profissional do design e de outras áreas criativas precisará agregar em seu currículo conhecimentos adicionais para contribuir em contextos multidisciplinares.

Apesar de a realidade futurista retratada nos filmes mostrar robôs que são capazes de substituir boa parte dos seres humanos em seus empregos, até o momento, não existem dados e comprovações científicas de que os robôs substituirão os designers.

Você provavelmente percebeu ao longo desta leitura que o design permite ao profissional atuar em diferentes campos e, de certa forma, dá oportunidade para que os antigos profissionais se reciclem e busquem novas capacitações. Como a área da criatividade é disputada por diversos outros profissionais, os designers precisarão seguir em busca de conhecimentos adicionais em contextos multidisciplinares.

O futuro passará a contar com novos designers aptos a exercerem funções complementares, como designers que pratiquem docência, designers profissionais da saúde, designers administradores etc.

No campo empresarial, a gestão de design, ao longo das últimas décadas, consolidou-se como um fator-chave para o sucesso. As empresas estão mais conscientes do papel e do valor do design, pois ele é um importante recurso para todos os tipos de negócios (Holston, 2011).

No âmbito corporativo, ainda, o design tem se mostrado relevante ao abordar problemas complexos com o objetivo de elaborar melhores e possíveis soluções para todas as partes envolvidas nas esferas econômica, social e ambiental. Por exemplo, o design é capaz de influenciar e impactar as compras dos consumidores, satisfazer o consumidor, melhorar processos, reduzir custos, aumentar a visibilidade da marca, identificar novos mercados, formular novas estratégias etc.

Além disso, o design expandiu seus domínios, atuando também em órgãos de serviço público e em instituições privadas sem fins lucrativos. São muitas as áreas de atuação para o design crescer em importância e valor no século XXI, redefinindo as suas fronteiras (Bergmann; Magalhães, 2016).

Todas essas mudanças conjunturais e suas implicações são oportunidades para inovar, e o design evoluiu em um ambiente de transformações, mas exigindo reorientação, incluindo-as em seu processo de criação.

A complexidade do mundo contemporâneo provoca o surgimento de diferentes contextos, impondo novos desafios ao design em aspectos sociais, econômicos e tecnológicos. Considerando que o design contribui para as empresas desenvolverem vantagens competitivas no longo prazo, nosso objetivo neste capítulo foi demonstrar como isso ocorre.

Sobre o design de serviços, as tendências estão concentradas em como impressionar um cliente durante uma jornada de compras. O profissional dessa área é responsável por realizar o planejamento e as organizações de pessoas, comunicação, infraestrutura e ferramentas de serviços. Tem aumentado significativamente a procura do design de serviços justamente poque se tem percebido que o método contribui sobremaneira para o sucesso de um empreendimento. Um de seus diferenciais é envolver colaboradores e clientes no processo de entendimento de como os serviços podem ser oferecidos, por meio da elaboração de propostas mais atraentes e relevantes para os consumidores e mais eficazes para as organizações.

Outro campo de extrema relevância é o design de embalagens; todavia, ele segue sem alcançar todo o potencial que poderia ter, principalmente no Brasil. Muitas empresas ainda optam pelo preço extremamente baixo ou pela comodidade de definir seu design na mesma gráfica que imprime a embalagem. Em território nacional, a exigência do público por embalagens mais inteligentes e visualmente atrativas está em alta, principalmente nas regiões metropolitanas. Essa mudança do consumidor dá ampla vantagem a quem observa a importância de uma boa embalagem: agrega valor para a marca, facilita a vida do consumidor, vende os valores da empresa e conquista compradores no ponto de venda. Fora do Brasil, o debate tem sido sobre os próximos anos do mercado, que provavelmente ganhará mais importância e complexidade.

É válido também pensar sobre como serão desenvolvidas as relações afetivas, de trabalho e amizades no futuro. No final do filme *Her*, dirigido por Spike Jonze, o protagonista utiliza um *software* de AI para fazer o design de cartas que lembram cartas escritas à mão. Esse exemplo conduz à reflexão sobre o desenvolvimento de tais tecnologias e de que modo elas podem afetar os designers e outros profissionais, assim como suas práticas profissionais. Entender essas limitações e capacidades dos recursos disponíveis para se elaborar um projeto pode ser, incialmente, a essência do design.

Os designers, ao trabalharem em ambientes com a AR ou com alguma outra tecnologia, devem reconhecer que é preciso ter um estudo aprofundado sobre o objetivo de se utilizar esse recurso e sobre o público-alvo e o cenário a ser atingido.

Obviamente, até entenderem isso, os designers podem experimentar as capacidades e limitações dos recursos até o limite da linguagem para então retornarem a práticas consideradas "estáveis", sem, no entanto, descartar as contribuições positivas desse período.

Atualmente, há diversos artefatos de design produzidos automaticamente. Nesses casos, o papel do designer parece se restringir a definir um conjunto de regras iniciais (por exemplo, manuais técnicos, dicionários etc.) para serem executados por sistemas especializados que se encarregam de executar as regras.

A área de webdesign é outra que também passa por mudanças profundas e que experimentará consequências a partir de então. Se, por um lado, a primeira década do século XXI foi um período de intensa experimentação e desenvolvimento tecnológico, por outro, ocorreu também a solidificação de padrões visuais e técnicos.

Há um verdadeiro bombardeio de *"websites* que criam outros *websites"*. Sites como *The Grid*, considerado uma progressão natural do atual cenário do webdesign, prometem utilizar algoritmos inteligentes para produzir *layouts* completamente distintos entre si.

Independentemente de qualquer discussão acerca da qualidade dos artefatos produzidos por tais sistemas, é primordial para designers e profissionais de diferentes áreas acompanhar o desenvolvimento das tecnologias de AI para compreender as capacidades e as restrições dessas técnicas.

A conclusão, por ora, é que o design se transformará profundamente nos próximos anos, e que tais mudanças exigem um novo conjunto de conceitos sobre o papel do designer, além de um vasto conjunto de novas capacidades técnicas para que ele continue relevante.

Também é verdade que o design é um conceito muito mais amplo e que parte de um princípio simples: aliar forma e função para criar soluções elegantes e práticas para um problema existente. Fica aqui nosso convite para, juntos, acompanharmos essas evoluções!

CONSIDERAÇÕES FINAIS

A relevância de estudar o design e as novas mídias está, sobretudo, em um debate necessário, transversal e atual nos dois campos de atuação. Na contemporaneidade, não se pode desconsiderar como as diferentes formas estão arraigadas à sociedade, mesmo que ainda se encontrem dificuldades de apontar a profundidade dessa área.

E isso aponta para a interdisciplinaridade que está contida no design. O levantamento bibliográfico que realizamos nesta obra colocou em evidência as produções acadêmicas e mostrou como esses dados coletados nas universidades estão se transformando em produtos e serviços feitos pelos designers. Assim, o leitor pôde visualizar a teoria e a prática do design.

A respeito do design, comentamos algumas mudanças em curso especialmente no que toca aos projetos e às soluções criativas e digitais, que são desenvolvidas pelo campo estudado. Esses testes e aplicabilidades são desafios tanto para quem estuda quanto para quem busca aplicá-los e transformar a experiência de milhares de pessoas.

Algumas áreas do design apontam para o futuro dos profissionais, como é o caso do UX design. Essa é também uma das áreas em congruência com as novas tecnologias digitais. Certamente, os usuários acabam ficando, cada vez mais, interessados nesse tipo de investimento e de tecnologia que buscam tornar a experiência mais interessante e atrativa.

Diante de um cenário que está constantemente em transformação, não é possível limitar os estudos e dizer que esses resultados contemplam dados finitos. O que expusemos nesta obra consiste em uma amostra, uma parte de estudos, de pesquisas e de materiais que estão sendo produzidos no Brasil e no mundo. O que se pode afirmar seguramente é que o design já não é o mesmo de antes e que, para os próximos anos, os profissionais precisam buscar acompanhar essas tendências. O mercado estará ávido por um perfil diferenciado e permeado de habilidades, capacidades técnicas e compreensão da tecnologia.

LISTA DE SIGLAS

ADG Associação dos Designers Gráficos

AI: *Artificial intelligence* (inteligência artificial)

AIA: American Institute of Architects

AR: *Augmented reality* (realidade aumentada)

ASP: Active Server Pages (Páginas de Servidor Ativas)

BI: Business Intelligence

BPM: Business Process Management (Gerenciamento de Processos de Negócio)

CAD: Computer Aided Design (Desenho Assistido por Computador)

CNC: Controle numérico computadorizado

CRM: Customer Relationship Management (Gestão de Relacionamento com o Cliente)

CSS: Cascading Style Sheets (Folhas em Estilo Cascata)

CVE: Collaborative virtual environment (ambiente virtual colaborativo)

EaD: Educação a distância

ER: Expressão regular

FOFA: Forças, oportunidades, fraquezas e ameaças

GUI: Graphical User Interface (Interface gráfica do usuário)

HTML: HyperText Markup Language (Linguagem de Marcação de HiperTexto)

IA: Information Architecture (Arquitetura de informação)

IBGE: Instituto Brasileiro de Geografia e Estatística

IDE: Integrated Development Environment (ambiente de desenvolvimento integrado)

IHC: interação humano-computador

IoT: Internet of Things (Internet das Coisa)

LGPD: Lei Geral de Proteção de Dados

MVP: Minimum Viable Product (Produto Mínimo Viável)

NTICs: Novas Tecnologias de Informação e Comunicação

PHP: Hypertext Preprocessor (Pré-processador de hipertexto)

PIB: Produto Interno Bruto

RegExp: *Regular expression* (expressão regular)

RWD: Responsive Website Design (design responsivo)

Samu: Serviço de Atendimento Móvel de Urgência

SDN: Service Design Network

SEO: Search Engine Optimization (otimização de sites para mecanismos de busca)

SOA: Service-oriented architecture (arquitetura orientada a serviços)

SQL: Structured Query Language (Linguagem de Consulta Estruturada)

SWOT: *Strengths, weaknesses, opportunities* e *threats* (forças, fraquezas, oportunidades e ameaças).

TAP: Termo de Abertura de Projeto

TED: Technology, Entertainment, Design

TICs: Tecnologias da Informação e da Comunicação

UI: *User interface* (interface do usuário)

UX: *User experience* (experiência do usuário)

VR: *Virtual reality* (realidade virtual)

REFERÊNCIAS

ADG BRASIL. **O valor do design**: guia ADG Brasil de prática profissional do designer gráfico. São Paulo: SENAC; ADG Brasil Associação dos Designers Gráficos, 2003.

ALBUQUERQUE, A. L. P. **Cenários virtuais com um estudo de sincronismo de câmera**. 95 f. Dissertação (Mestrado em Informática) – Pontifícia Universidade Católica, Rio de Janeiro, 1999.

ALCOFORADO, M. G. **Comunicação intermediada por protótipos**. 214 f. Dissertação (Mestrado em Design) – Universidade Federal de Pernambuco, Recife, 2007. Disponível em: <https://repositorio.ufpe.br/bitstream/123456789/3374/1/arquivo4359_1.pdf>. Acesso em: 4 mar. 2021.

ALENCAR, F. Uma ação propedêutica para o projeto de conclusão de curso em design. In: CONGRESSO BRASILEIRO DE PESQUISA E DESENVOLVIMENTO EM DESIGN, 6., 2004, São Paulo.

ARAB, A. B.; DOMINGOS, A. A.; DIAS, D. A. Storytelling Empresarial: relações públicas contador de histórias. In: INTERCOM – SOCIEDADE BRASILEIRA DE ESTUDOS INTERDISCIPLINARES DA COMUNICAÇÃO; CONGRESSO DE CIÊNCIAS DA COMUNICAÇÃO NA REGIÃO SUDESTE, 16., 2011, São Paulo. **Anais**... São Paulo: Intercom, 2011. Disponível em: <http://www.intercom.org.br/papers/regionais/sudeste2011/resumos/R24-0760-1.pdf>. Acesso em: 4 mar. 2021.

ARTY, D. **Manual de web design responsivo**: projete para todos os dispositivos. São Paulo: Chief of Design, 2016.

AZUMA, R. T. A Survey of Augmented Reality. **Presence: Teleoperators and Virtual Environments**, Cambridge, v. 6, n. 4, p. 355-385, ago. 1997. Disponível em: <https://www.cs.unc.edu/~azuma/ARpresence.pdf>. Acesso em: 5 fev. 2021.

BARBOSA, R. T. **Design & prototipagem**: conhecimento e uso da prototipagem rápida no design brasileiro. 198 f. Dissertação (Mestrado em Design) – Universidade Estadual Paulista Júlio de Mesquita, Bauru, 2009. Disponível em: <https://repositorio.unesp.br/handle/11449/89708>. Acesso em: 4 mar. 2021.

BAZZAN, A. L. C. IA multiagente: mais inteligência, mais desafios. In: MEIRA JÚNIOR, W.; CARVALHO, A. C. P. L. F. de (Orgs.). **Jornadas de Atualização em Informática (JAI)**. Rio de Janeiro: PUC-Rio, 2010. p. 111-160.

BERGMANN, M.; MAGALHÃES, C. Gestão de design e o futuro dos negócios: ver, prever e tornar visível em um contexto de mudanças. In: P&D – CONGRESSO BRASILEIRO DE PESQUISA E DESENVOLVIMENTO EM DESIGN, 12., 2016, Belo Horizonte. **Blucher Design Proceedings**... São Paulo: Blucher, 2016. Disponível em: <http://pdf.blucher.com.br.s3-sa-east-1.amazonaws.com/designproceedings/ped2016/0156.pdf>. Acesso em: 5 mar. 2021.

BERNARDI, D.; SOBRAL, J. E. C. Design, cultura e sociedade: limites e reciprocidades. In: MORGENSTERN, M; AGUIAR, V. (Org.). **Novos cenários, novas formas de morar**. Joinville: Univille, 2016. p. 13-27. Disponível em: <https://www.univille.edu.br/community/novoportal/VirtualDisk.html/downloadDirect/949611/LVdesign2.pdf>. Acesso em: 3 mar. 2021.

BONSIEPE, G. **Do material ao digital**. São Paulo: Blucher, 2015.

BRANDÃO, L.; DOLABELLA, F.; DORNAS, A. Droog Design: um coletivo de experimentação. In: COLÓQUIO INTERNACIONAL DE DESIGN, 2017. **Blucher Design Proceedings**, v. 4, n. 3, maio 2018. Disponível em: <http://pdf.blucher.com.br.s3-sa-east-1.amazonaws.com/designproceedings/cid2017/35.pdf>. Acesso em: 4 mar. 2021.

BRASIL. Câmara dos Deputados. Projeto de Lei n. 1.391, de 18 de maio de 2011. Disponível em: <https://www.camara.leg.br/proposicoesWeb/prop_mostrarintegra?codteor=873618&filename=PL+1391/2011>. Acesso em: 4 fev. 2021.

BRASIL. Lei n. 12.965, de 23 de abril de 2014. **Diário Oficial da União**, Poder Legislativo, Brasília, DF, 24 abr. 2014. Disponível em: <https://whttp://www.planalto.gov.br/CCIVIL_03/_Ato2011-2014/2014/Lei/L12965.htm>. Acesso em: 4 mar. 2021.

BRASIL. Lei n. 13.709, de 14 de agosto de 2018. **Diário Oficial da União**, Poder Executivo, Brasília, DF, 15 ago. 2018. Disponível em: <http://www.planalto.gov.br/ccivil_03/_ato2015-2018/2018/lei/L13709.htm#:~:text=Art.%201%C2%BA%20Esta%20Lei%20disp%C3%B5e,da%20personalidade%20da%20pessoa%20natural.>. Acesso em: 4 mar. 2021.

BROWN, T. **Design thinking**: uma metodologia poderosa para decretar o fim das velhas ideias. Rio de Janeiro: Alta Books, 2018.

BUSINESSWIRE. **Global Augmented Reality (AR) and Virtual Reality (VR) Market Worth $60.55 Billion and $34.08 Billion by 2023**. 8 maio 2018. Disponível em: <https://www.businesswire.com/news/home/20180508005963/en/Global-Augmented-Reality-AR-Virtual-Reality-VR>. Acesso em: 5 mar. 2021.

CANALTECH. **Você sabe o que é machine learning? Entenda tudo sobre esta tecnologia**. 2017. Disponível em: <https://canaltech.com.br/inovacao/voce-sabe-o-que-e-machine-learning-entenda-tudo-sobre-esta-tecnologia-104100/>. Acesso em: 5 mar. 2021.

CANAVILHAS, J. Jornalismo móvel e Realidade Aumentada: o contexto na palma da mão. **Verso e Reverso**, v. 27, n. 64. p. 1-8, jan./abr. 2013. Disponível em: <http://revistas.unisinos.br/index.php/versoereverso/article/view/ver.2013.27.64.01/1394>. Acesso em: 5 mar. 2021.

CÂNDIDO, C. T. **O desafio do design gráfico na convergência de mídias**. 108 f. Monografia (Tecnologia em Artes Gráficas) – Universidade Tecnológica Federal do Paraná, Curitiba, 2012. Disponível em: <http://repositorio.roca.utfpr.edu.br/jspui/bitstream/1/2953/1/CT_DADIN_2012_1_05.pdf>. Acesso em: 4 mar. 2021.

CASTELLS, M. **A sociedade em rede**. São Paulo: Paz e Terra, 1999. v. 1: A era da informação: economia, sociedade e cultura.

CASTELLS, M. Manuel Castells analisa as manifestações civis brasileiras. **Fronteiras do pensamento**, 15 jun. 2013. Disponível em: <https://www.fronteiras.com/artigos/manuel-castells-analisa-as-manifestacoes-civis-brasileiras>. Acesso em: 4 mar. 2021.

CIRIACO, D. O que é Inteligência Artificial? **TecMundo**, 25 nov. 2018. Disponível em: <https://www.tecmundo.com.br/intel/1039-o-que-e-inteligencia-artificial-.htm>. Acesso em: 5 mar. 2021.

CORREIA, F. M. A. C.; O'NEILL, H. Avaliação da automatização de processos de negócio em serviços partilhados. In: CONGRESSO NACIONAL DA ADMINISTRAÇÃO PÚBLICA, 8., 2011, Cascais. **Desafios e Soluções**. Cascais: Instituto Nacional de Administração, 2011. p. 370-393. Disponível em: <https://core.ac.uk/download/pdf/47236443.pdf>. Acesso em: 5 mar. 2021.

COSTA, E. D da. Web design: reflexões sobre o novo veículo do conhecimento. In: CONGRESSO SOPCOM, 4., 2005, Porto. p. 119-128. **Livro de Actas**. Disponível em: <http://www.bocc.ubi.pt/pag/costa-emilia-web-design-reflexoes-novo-veiculo-conhecimento.pdf>. Acesso em: 4 mar. 2021.

COTTON, B; OLIVER, R. **Understanding Hypermedia 2.000**: multimedia origins, internet futures. London: Phaidon, 1997.

DAVENPORT, T. H. **Ecologia da informação**: por que só a tecnologia não basta para o sucesso na era da informação. Tradução de Bernadette Siqueira Abrão. 3. ed. São Paulo: Futura, 2001.

FRANZATO, C. O processo de criação no design conceitual. Explorando o potencial reflexivo e dialético do projeto. **Tessituras & Criação**. n. 1, maio 2011. Disponível em: <https://revistas.pucsp.br/index.php/tessituras/article/view/5612/3967>. Acesso em: 5 mar. 2021.

FÉ, A. L. D. M. **Tecnologias móveis e vida pessoal**: uma pesquisa sobre o impacto da comunicação sem fio no tempo de trabalho e nas demais esferas da vida social. 163 f. Tese (Doutorado em Comunicação e Semiótica) – Pontifícia Universidade Católica de São Paulo, São Paulo, 2008. Disponível em: <https://tede2.pucsp.br/bitstream/handle/5073/1/Ana%20Lucia%20Damasceno%20Moura%20Fe.pdf>. Acesso em: 4 mar. 2021.

FERNANDES, B. C. A.; SÁNCHEZ, J. F. Realidade aumentada aplicada ao design. **Holos**, Natal, v. 1, n. 24, p. 28-47, 2008. Disponível em: <http://www2.ifrn.edu.br/ojs/index.php/HOLOS/article/view/161/136>. Acesso em: 5 mar. 2021.

FERREIRA, J. R. S. **Realidade Aumentada**: conceito, tecnologia e aplicações – estudo exploratório. 89 f. Dissertação (Mestrado em Engenharia e Gestão Industrial) – Universidade da Beira Interior, Covilhã, 2014. Disponível em: <https://ubibliorum.ubi.pt/bitstream/10400.6/5907/1/3930_7645.pdf>. Acesso em: 5 mar. 2021.

FOLLMANN, G. B. **Proposta de modelo para o planejamento de projetos em** design: uma contribuição para o ensino do design no Brasil. 164 f. Dissertação (Mestrado em Design) – Universidade Federal do Paraná, Curitiba, 2015. Disponível em: <https://acervodigital.ufpr.br/bitstream/handle/1884/37990/R%20-%20D%20-%20GISELLE%20BLASIUS%20FOLLMANN.pdf?sequence=3&isAllowed=y>. Acesso em: 4 mar. 2021.

FONSECA, A. G. M. F. da. Aprendizagem, mobilidade e convergência: Mobile learning com celulares e smartphones. **Revista Eletrônica do Programa de Pós-Graduação em Mídia e Cotidiano**, Rio de Janeiro, v. 2, n. 2, p. 163-181, jun. 2013. Disponível em: <https://periodicos.uff.br/midiaecotidiano/article/view/9685/6808>. Acesso em: 3 fev. 2021.

FORTI, F. S. D. **Uma avaliação do ensino da prototipagem virtual nas graduações de design de produto do estado do Rio de Janeiro**. 114 f. Dissertação (Mestrado em Ciências em Engenharia) – Universidade Federal do Rio de Janeiro, Rio de Janeiro, 2005.

FRANÇA, F. dos S. Web design responsivo: caminhos para um site adaptável. **Interfaces Científicas: Exatas e Tecnológicas**, Aracaju, v. 1, n. 2, p. 75-83, jun. 2015. Disponível em: <https://pdfs.semanticscholar.org/0826/3be8795ce76fd12d361f1dfe3dbabba3806a.pdf>. Acesso em: 4 mar. 2021.

FRASCARA, J. **Design and the Social Sciences**: making connections. New York: Taylor & Francis, 2002.

FREIRE, K. M; DAMAZIO, V. Design de serviços: conceitos e reflexões sobre o futuro da disciplina. In: CONGRESSO BRASILEIRO DE PESQUISA E DESENVOLVIMENTO EM DESIGN, 9., 2010, São Paulo. **Anais**..., São Paulo: Universidade Anhembi Morumbi, 2010. Disponível em: <https://docplayer.com.br/3559802-Design-de-servicos-conceitos-e-reflexoes-sobre-o-futuro-da-disciplina.html>. Acesso em: 3 mar. 2021.

GIBSON, W. **Neuromancer**. 5. ed. São Paulo: Aleph, 2016.

GOMES, T. C. S.; TEDESCO, P. C. de A. R.; MELO, J. C. B. de. Jogos no Design de experiências de aprendizagem de programação engajadoras. In: CBIE – CONGRESSO BRASILEIRO DE INFORMÁTICA NA EDUCAÇÃO, 5.; JAIE – JORNADA DE ATUALIZAÇÃO EM INFORMÁTICA NA EDUCAÇÃO, 5., 2016. **Anais**... 2016. Disponível em: <https://www.br-ie.org/pub/index.php/pie/article/view/6595>. Acesso em: 3 mar. 2021.

GORINI, I. M. **Aplicação de BI voltado ao preenchimento digital da ficha de atendimento do SAMU, uma proposta para o back-end**. 61 f. Trabalho de Conclusão de Curso (Graduação em Engenharia de Software) – Centro Universitário de Maringá, Unicesumar, Maringá, 2018. Disponível em: <http://rdu.unicesumar.edu.br/bitstream/123456789/635/1/Trabalho%20de%20Conclus%c3%a3o%20de%20Curso%20TCC.pdf>. Acesso em: 4 mar. 2021.

GREGÓRIO, A. Um caminho para o design de serviços públicos. In: GREGÓRIO, A. et al. **Dá pra fazer**: gestão do conhecimento e inovação no setor público. São Paulo: Secretaria de Planejamento e Desenvolvimento Regional, 2014. p. 94-117. Disponível em: <http://igovsp.net/sp/da-pra-fazer.pdf>. Acesso em: 3 mar. 2021.

GUSTAVSEN, D. Paulo Goldstein: "No design conceitual, as peças têm um discurso". 19 out. 2017, **CasaClaudia**. Disponível em: <https://casaclaudia.abril.com.br/design/paulo-goldstein-no-design-conceitual-as-pecas-tem-um-discurso/>. Acesso em: 4 mar. 2021.

HELDMAN, K. **Gerência de projetos**: guia para o exame oficial do PMI. Rio de Janeiro: Elsevier, 2009.

HOLSTON, D. **The strategic designer**. Cincinnati: How Books, 2011.

IBGE – Instituto Brasileiro de Geografia e Estatística. **Pesquisa anual de serviços**. 2012. Disponível em: <https://biblioteca.ibge.gov.br/visualizacao/periodicos/150/pas_2012_v14.pdf>. Acesso em: 3 mar. 2021.

IPROSPECT. **Latin America Finds Its Voice**. Disponível em: <https://www.iprospect.com/en/ar/news-and-views/insights/latin-america-finds-its-voice/#resource-form>. Acesso em: 3 mar. 2021.

IVO, D. **Curso de SEO**: Aula 1 – Psicologia e Filosofia do SEO. Disponível em: <https://www.youtube.com/watch?v=tkE-BMvdvAHE&ab_channel=Conversion>. Acesso em: 3 mar. 2021.

JARGAS, A. M. **Conhecendo as expressões regulares**. [Minicurso]. 2004. Disponível em: <http://lrodrigo.sgs.lncc.br/wp/wp-content/uploads/2018/10/apostila-conhecendo-regex.pdf>. Acesso em: 5 mar. 2021.

JARGAS, A. M. **Expressões regulares**: uma abordagem divertida. 5. ed. São Paulo: Novatec, 2016.

JENKINS, H. **Cultura da convergência**. São Paulo: Aleph, 2009.

KIRNER, C. **Apostila do ciclo de palestras de realidade virtual**. Atividade do Projeto AVVIC- CNPq (Protem – CC – fase III). DC/UFSCar, São Carlos, 1996.

LESTON, J. Virtual reality: the IT perspective. **Computer Bulletin**, Oxford, v. 38, n. 3, jun. 1996, p. 12-13.

LÉVY, P. **A inteligência coletiva**: por uma antropologia do ciberespaço. São Paulo: Loyola, 2003.

LIEDTKA, J; OGILVIE, T. **A magia do design thinking**: um kit de ferramentas para o crescimento rápido da sua empresa. São Paulo: HSM, 2015.

LIMA, C. C. de; MATTAR NETO, J. A. Utilização do design educacional na concepção do projeto de ensino de programação de computadores na modalidade EaD. **Research, Society and Development**. v. 4. n. 3, p. 199-214, mar. 2017. Disponível em: <https://rsdjournal.org/index.php/rsd/article/view/84/72>. Acesso em: 4 mar. 2021.

LIPOVETSKY, G.; SERROY, J. **A estetização do mundo**: viver na era do capitalismo artista. São Paulo: Companhia das Letras, 2015.

LOPES, S. **A Web Mobile**: programe para um mundo de muitos dispositivos. São Paulo: Casa do Código, 2013.

MARCOTTE, E. Responsive Web Design. **A List Apart**. 25 maio 2010. Disponível em: <https://alistapart.com/article/responsive-web-design/>. Acesso em: 4 mar. 2021.

MARTINO, L. M. S. **Teoria das mídias digitais**: linguagens, ambientes e redes. Petrópolis: Vozes, 2014.

MARTINS, A. F. P. **Da maqueta para o desenho**: meios de representação tridimensional no design de artefactos. 152 f. Dissertação (Mestrado em Design Materiais e Gestão do Produto) – Universidade de Aveiro, Aveiro, 2010. Disponível em: <https://ria.ua.pt/bitstream/10773/1228/1/2010000696.pdf>. Acesso em: 4 mar. 2021.

MATTOS, C. de F. P. de. Desenvolvendo a estratégia de projeto. **Techoje: uma revista de opinião**. 2011. Disponível em: <http://www.techoje.com.br/site/techoje/categoria/detalhe_artigo/72>. Acesso em: 4 mar. 2021.

MCLUHAN, M. **Os meios de comunicação como extensões do homem**: understanding media. São Paulo: Cultrix, 1969.

MEMÓRIA, F. **Usabilidade made in Brasil**: como projetar experiências. Disponível em: <http://www.fmemoria.com.br/entrevistas/entrevista_usabilidade_made_in_brasil.pdf>. Acesso em: 4 mar. 2021.

MEDEIROS, I. L. de et al. Prototipagem rápida e design de produto assistivo. In: CONGRESSO BRASILEIRO DE PESQUISA E DESENVOLVIMENTO EM DESIGN, 11., 2014, Gramado. **Blucher Design Proceedings**, v. 1, n. 4, nov. p. 1-12. Disponível em: <http://pdf.blucher.com.br.s3-sa-east-1.amazonaws.com/designproceedings/11ped/00796.pdf>. Acesso em: 4 mar. 2021.

MEMÓRIA, F.; MONT'ALVÃO, C. **Pesquisas em usabilidade no Brasil**: academia × mercado. Disponível em: <http://www.fmemoria.com.br/artigos/MEMORIA_felipe_usabilidade.pdf>. Acesso em: 5 mar. 2021.

MENDONÇA, M. C. de et al. **Design thinking, mídia, conhecimento e inovação**: reflexões sobre uma atividade didática aplicando o desenho da persona e o mapa da jornada do usuário. In: CONGRESSO INTERNACIONAL DE CONHECIMENTO E INOVAÇÃO, 7., 2017, Foz do Iguaçu. **Anais**... Disponível em: <https://proceeding.ciki.ufsc.br/index.php/ciki/article/view/170/60>. Acesso em: 4 mar. 2021.

MERINO, E. A. D. **Ergonomia e realidade virtual**. Tese (Doutorado em Engenharia de Produção) – Universidade Federal de Santa Catarina, Florianópolis, 2000. Disponível em: <https://repositorio.ufsc.br/xmlui/bitstream/handle/123456789/78504/152916.pdf?sequence=1&isAllowed=y>. Acesso em: 5 mar. 2021.

MOURA, A. N. D. **Design Arte**: um olhar sobre uma das vertentes do design brasileiro no século XXI. 249 f. Tese (Doutorado em Design) – Universidade do Estado de Minas Gerais, Belo Horizonte, 2019. Disponível em: <http://mestrados.uemg.br/ppgd-producao/teses-ppgd/file/221-design-arte-um-olhar-sobre-uma-das-vertentes-do-design-brasileiro-no-seculo-xxi>. Acesso em: 4 mar. 2021.

MOURA, M. Design contemporâneo = cultura digital + linguagem + hibridismo. In: CONGRESSO INTERNACIONAL DE PESQUISA EM DESIGN BRASIL, 2., 2003, Rio de Janeiro. **Anais**... Rio de Janeiro: 2003.

NEWMAN, N.; LEVY, D. A. L.; NIELSEN, R. K. **Reuters Institute Digital News Report 2015**: Tracking the Future of News. 2015. Disponível em: <https://reutersinstitute.politics.ox.ac.uk/sites/default/files/research/files/ Reuters%2520Institute%2520Digital%2520News%2520Report%25202015_Full%2520Report.pdf>. Acesso em: 4 mar. 2021.

NIELSEN, J. **Usability engineering**. San Francisco: Morgan Kaufman, 1994.

NIEMEYER, L. **Design no Brasil**: origens e instalação. 4. ed. Rio de Janeiro: 2AB, 2007.

NUNES, J.; QUARESMA, M. A construção de personas e do mapa da jornada do usuário: a delimitação de modelos mentais para o design centrado no usuário ou da interação usuário-notícia. **Estudos em design**, Rio de Janeiro, v. 26, n. 2, p. 3-27, 2018. Disponível em: <https://estudosemdesign.emnuvens.com.br/design/article/view/620/335>. Acesso em: 4 mar. 2021.

OLIVEIRA, D. de P. R. de. **Planejamento estratégico**: conceitos, metodologia, práticas. 23. ed. São Paulo: Atlas, 2007.

ORBIS Research. **Global Augmented Reality Market By Product Type (Hand Held Devices, Stationary AR Systems, SAR, HMD, Smart Glasses, Smart Lenses), Display Technology Used (HMD, Eyeglasses, HUD, Contact Lenses, VRD, Eye Tap, Hand Held displays, SAR), Geography, Trends, Forecast (2017-2022)**. 21 jan. 2017. Disponível em: <https://www.orbisresearch.com/reports/index/global-augmented-reality-market-by-product-type-hand-held-devices-stationary-ar-systems-sar-hmd-smart-glasses-smart-lenses-display-technology-used-hmd-eyeglasses-hud-contact-lenses-vrd-eye-tap-hand-held-displays-sar-geography-trends-forecast-2017-2022>. Acesso em: 5 mar. 2021.

OVUM. **Digital Marketing in the High-Tech Industry**. 26 set. 2017. Disponível em: <https://wwwimages2.adobe.com/content/dam/acom/en/modal-offers/pdfs/178563352.en.tech.whitepaper.ovum-digital-marketing-report.pdf>. Acesso em: 4 mar. 2021.

PAHL, G. et al. **Projeto na engenharia**: fundamentos do desenvolvimento eficaz de produtos – métodos e aplicações. São Paulo: Edgard Blucher, 2005.

PALACIOS, F.; TERENZZO, M. **O guia completo do storytelling**. São Paulo: Alta Books, 2016.

PALHAIS, C. B. C. **Prototipagem**: uma abordagem ao processo de desenvolvimento de um produto. 153 f. Dissertação (Mestrado em Design de Equipamento) – Universidade de Lisboa, 2015. Disponível em: <https://repositorio.ul.pt/bitstream/10451/29163/2/ULFBA_TES_942.pdf>. Acesso em: 4 mar. 2021.

PANETTO, P. **Como abordar um projeto de design**: metodologia de projetos. 14 abr. 2015. Disponível em: <https://www.youtube.com/watch?v=kOS6ANWZPrQ&ab_channel=PedroPanetto>. Acesso em: 4 mar. 2021.

PEREIRA, A. M. de S. #VempraRua: o poder das redes sociais como espaços de mobilização e rejeição às mídias tradicionais nos protestos do Brasil. In: SIMPÓSIO NACIONAL DA ASSOCIAÇÃO BRASILEIRA DE PESQUISADORES EM CIBERCULTURA, 7., Curitiba: Universidade Tuiuti do Paraná, 2013. Disponível em: <http://abciber.org.br/simposio2013/anais/pdf/Eixo_7_Redes_Sociais_na_Internet_e_Sociabilidade_online/26005arq07476481402.pdf>. Acesso em: 4 mar. 2021.

PEREIRA, A. S.; GUIMARÃES, R. C. "Senhora? Senhora?" – Interações em multiplataformas a partir de memes no telejornalismo e nas redes sociais. In: SIMPÓSIO INTERNACIONAL JORNALISMO EM AMBIENTES MULTIPLATAFORMA, 2., 2016, João Pessoa. Disponível em: <http://www.bibliotekevirtual.org/livros/registrados/978-85-67818-68-1/a18.pdf>. Acesso em: 4 mar. 2021.

PEREIRA, D. D. et al. Comparação de técnicas de prototipagem tradicional manual e sua importância para o design. **DATJournal**. v. 2, n. 2., p. 159-175, 2017. Disponível em: <https://datjournal.anhembi.br/dat/article/download/62/54/>. Acesso em: 4 mar. 2021.

PEREIRA, M. A. P. dos S. **Ciclos de prototipagem e Design Thinking**: uma aplicação prática em acessibilidade no transporte aéreo. 121 f. Monografia (Graduação em Engenharia de Produção) – Escola Politécnica da Universidade de São Paulo, São Paulo, 2016. Disponível em: <http://pro.poli.usp.br/wp-content/uploads/2016/12/Marcelo-Paiva-Pereira.pdf>. Acesso em: 4 mar. 2021.

PEREIRA, S. do L. **Introdução à Inteligência Artificial**. 2009. Disponível em: <https://www.ime.usp.br/~slago/IA-introducao.pdf>. Acesso em: 5 mar. 2021.

PIMENTA, F. J. P. Webdesign e Informação: Uma abordagem semiótica. **Lumina**, Juiz de Fora, v. 2, n. 2, jul./dez. 1999.

PROSTT, M. E. **Interface web utilizando design responsivo**: um estudo de caso aplicado a smartphones, tablets, computadores e televisores. 78 f. Monografia (Especialização em Tecnologia Java e Desenvolvimento para Dispositivos Móveis) – Universidade Tecnológica Federal do Paraná, Curitiba, 2013. Disponível em: <http://repositorio.roca.utfpr.edu.br/jspui/bitstream/1/2513/1/CT_TECJAVMOV_I_2012_12.pdf>. Acesso em: 4 mar. 2021.

PUPO, R. T. Ensino da prototipagem rápida e fabricação digital para arquitetura e construção no Brasil: definições e estado da arte. **PARC Pesquisa em Arquitetura e Construção**, Campinas, SP, v. 1, n. 3, p. 80–98, 2008. Disponível em: <https://periodicos.sbu.unicamp.br/ojs/index.php/parc/article/view/8634511>. Acesso em: 4 mar. 2021.

RAMOS, M. et al. Design de serviços e experiência do usuário (UX): uma análise do relacionamento das áreas. **DAPesquisa**, v. 11, n. 16, p. 105-123, ago. 2016. Disponível em: <https://www.revistas.udesc.br/index.php/dapesquisa/article/view/6378/5937>. Acesso em: 3 mar. 2021.

RAMOS, M. R. et al. Gestão de design: estratégias de comunicação visual e suas potencialidades para micro e pequenas empresas. **Temática**, João Pessoa, n. 9, ano 13, p. 19-35, set. 2017.

RECUERO, R. **Redes sociais na internet**. Porto Alegre: Sulina, 2009.

ROMÃO, V. P. A. **O efeito da realidade aumentada aplicada ao design de informação de emergência**. 212 f. Dissertação (Mestrado em Design e Expressão Gráfica) – Universidade Federal de Santa Catarina, Florianópolis, 2014. Disponível em: <https://repositorio.ufsc.br/bitstream/handle/123456789/129362/330920.pdf?sequence=1&isAllowed=y>. Acesso em: 5 mar. 2021.

ROMÃO, V. P. A.; GONÇALVES, M. M. Realidade aumentada: conceitos e aplicações no design. **Unoesc & Ciência – ACET**, Joaçaba, v. 4, n. 1, p. 23-33, jan./jun. 2013 Disponível em: <https://portalperiodicos.unoesc.edu.br/acet/article/view/2700/pdf>. Acesso em: 5 mar. 2021.

SANTAELLA, L. Intersubjetividade nas redes digitais: repercussões na educação. In: PRIMO, A. (Org.). **Interações em Rede**. Porto Alegre: Sulina, 2013, p.33-50.

SANTOS, B. C. S. A importância do design para tornar as redes sociais mais interativas. **Texto Livre: Linguagem e Tecnologia**. v. 6, n. 1, p. 150-165, 2013. Disponível em: <https://periodicos.ufmg.br/index.php/textolivre/article/download/16637/13396#:~:text=Do%20ponto%20de%20vista%20t%C3%A9cnico,(conex%C3%A3o%20pessoa%2Fpessoa).>. Acesso em: 4 mar. 2021.

SANTOS, E. Web Design: uma reflexão conceptual. **Revista de Ciências da Computação**, n. 4, 2009. p. 32-46. Disponível em: <https://repositorioaberto.uab.pt/bitstream/10400.2/1492/1/RCC_4_3.pdf>. Acesso em: 4 mar. 2021.

SANTOS et al. A prototipagem em baixa fidelidade como dinamizador da comunicação e interacção interpessoal no processo de design participativo de aplicações interactivas para o turismo: o caso do do projecto mesh-t. Associação Portuguesa de Ciências da Comunicação. In: SOPCOM – ASSOCIAÇÃO PORTUGUESA DE CIÊNCIAS DA COMUNICAÇÃO; CONGRESSO SOPCOM, 7., Porto, Universidade do Porto: 2011. p. 3413-3426. Disponível em: <https://www.researchgate.net/publication/239782627_A_prototipagem_em_baixa-fidelidade_como_dinamizadorda_comunicacao_e_interaccao_interpessoal_no_processode_design_participativo_de_aplicacoes_interactivas_parao_turismo_exemplos_do_projecto_mesh-t>. Acesso em: 4 mar. 2021.

SILVA, C. H. da; FERENHOF, H. A.; SELIG, P. M. Briefing e declaração de escopo em projetos de design: dois formatos e um só objetivo. **TI Especialistas**, 28 fev. 2013. Disponível em: <https://www.tiespecialistas.com.br/briefing-e-declaracao-de-escopo-em-projetos-de-design-dois-formatos-e-um-so-objetivo/>. Acesso em: 4 mar. 2021.

SILVA, J. C. R. P. da et al. **O futuro do design no Brasil**. São Paulo: Cultura Acadêmica, 2012.

SILVA, I. de S.; SPRITZER, I. M. P. A.; OLIVEIRA, W. P. de. **A importância da inteligência artificial e dos sistemas especialistas**. In: COBENGE – CONGRESSO BRASILEIRO DE ENSINO DE ENGENHARIA, 2004, Brasília. Disponível em: <http://www.abenge.org.br/cobenge/arquivos/15/artigos/09_158.pdf>. Acesso em: 5 mar. 2021.

SILVESTRI, G. **O que é UI** Design: Qual é a diferença entre UI/UX, o que faz um UI Designer e quais são os principais elementos de uma interface. 4 ago. 2018. Disponível em: <https://gabrielsilvestri.com.br/o-que-e-ui-design/>. Acesso em: 3 mar. 2021.

TECMUNDO. **Como funciona a Realidade Aumentada**. 19 maio 2009. Disponível em: <https://www.tecmundo.com.br/realidade-aumentada/2124-como-funciona-a-realidade-aumentada.htm>. Acesso em: 5 mar. 2021.

TEIXEIRA, J. **O que é inteligência artificial**. [S.l.]: E-galáxia, 2019.

TORI, R. Desafios para o design de informação em ambientes de realidade aumentada. **InfoDesign: Revista Brasileira de Design da Informação**, v. 1, n. 6, p. 46-57, 2009. Disponível em: <https://infodesign.emnuvens.com.br/public/journals/1/No.1-Vol.6-2009/ID_v6_n1_2009_46_57_Tori.pdf?download=1>. Acesso em: 5 mar. 2021.

TORI, R.; KIRNER, C.; SISCOUTO, R. (Ed.). **Fundamentos e tecnologia de realidade virtual e aumentada**. Porto Alegre: SBC, 2006. Disponível em: <https://pcs.usp.br/interlab/wp-content/uploads/sites/21/2018/01/Fundamentos_e_Tecnologia_de_Realidade_Virtual_e_Aumentada-v22-11-06.pdf>. Acesso em: 5 mar. 2021.

VALERIO NETTO, A.; MACHADO, L. dos S.; OLIVEIRA, M. C. F. de. Realidade virtual: definições, dispositivos e aplicações. **REIC – Revista Eletrônica de Iniciação Científica**, v. 2, n. 1, p. 1-29, 2002. Disponível em: <http://www.sbc.org.br/reic/edicoes/2002e1/tutoriais/RV-DefinicoesDispositivosEAplicacoes.pdf>. Acesso em: 5 mar. 2021.

VAZ, A. M. M. **A expressão da desmaterialização através do design**. 223 f. Dissertação (Mestrado em Design Industrial e Tecnológico) – Universidade da Beira Interior, Covilhã, Portugal, 2012. Disponível em: <https://ubibliorum.ubi.pt/bitstream/10400.6/2447/1/Tese_final_M1429.pdf>. Acesso em: 3 mar. 2021.

VOLPATO, E. **Teste de usabilidade**: o que é e para que serve? 15 set. 2014. Disponível em: <https://brasil.uxdesign.cc/teste-de-usabilidade-o-que-%C3%A9-e-para-que-serve-de3622e4298b>. Acesso em: 4 mar. 2021.

VOLPATO, N. (Ed.). **Prototipagem rápida**: tecnologias e aplicações. São Paulo: Blucher, 2007.

XAVIER, T. **O que é arquitetura da informação?** Entenda esse conceito e suas aplicações. 13 abr. 2018. Disponível em: <https://rockcontent.com/blog/arquitetura-da-infor macao/>. Acesso em: 3 mar. 2021

YONAMINE, T. **Os profissionais mais procurados em 2016**. Disponível em: <https://tutano.trampos.co/13569-profis sionais-mais-procurados-2016/>. Acesso em: 4 mar. 2021.

ZELDMAN, J. Understanding Web Design. **A List Apart**. 20 nov. 2007. Disponível em: <http://www.alistapart.com/articles/understandingwebdesign/>. Acesso em: 4 mar. 2021.

SOBRE A AUTORA

Kalyenne Antero é jornalista, formada pela Universidade Estadual da Paraíba (UEPB), mestre em Ciências Sociais pela Universidade Federal de Campina Grande (UFCG). Atua como assessora de imprensa nas áreas de política, educação e cultura. Também atua como produtora no radiojornalismo, repórter no impresso e no digital, redatora e editora e *social media*. Ministra cursos variados na área de comunicação institucional.

Os papéis utilizados neste livro, certificados por instituições ambientais competentes, são recicláveis, provenientes de fontes renováveis e, portanto, um meio **respons**ável e natural de informação e conhecimento.

Os livros direcionados ao campo do Design são diagramados com famílias tipográficas históricas. Neste volume foram utilizadas a **Baskerville** – desenhada pelo inglês John Baskerville em 1753, que inovou acrescentando floreios à caligrafia para a tipografia – e a **Futura** – lançada pelo alemão Paul Renner em 1927 sob influência dos ideais da Bauhaus.

Impressão: Reproset
Abril/2021